# 生産力、
# 情報と地域、
# 学びのダイナミズム

## 【中小企業と市場からの視座】

小野滿【著】
Ono Mitusru

社会評論社

# はしがき

「売り手よし、買い手よし、世間よし」の「三方よし」は、近江商人に江戸時代から伝わる経営理念である[1]。生産者には、「つくり手よし」が似合う。「世間」は、取引当事者以外の第3者を指すが、今や大きく広がり、地域、社会、環境なども含まれるとみられる。「世間よし」とは何かが、あらためて問われている。

本書は、本来的な競争、とくに「三方よし」の競争とそれを支えるルール・倫理の重要性を提起する。そして、生産力発展の主体としての人間にみる情報・技術の利用と客体としての地域・市場に注目する。生産力の受け皿となるのが、市場であり、地域、社会である。

さらに、「三方よし」の競争を発展させる学びと研究に光をあてる。競争のあり方と新たな独占の規制が問われる中、「三方よし」の競争を発展させ、生産力を進歩させるために、個人と組織の創造的な学びが重要性を高めている。

第1部は、生産者の立場から、いわば「つくり手よし」の視点から、人類史にさかのぼり、生産力の発展のあり方を考察する。第2部では、「売り手よし」「買い手よし」の視点から、競争のあり方を検討し公正な競争を模索する。第3部では、「世間よし」の視点から、人間関係のあり方を検討する。「三方」に配慮する広い視野と洞察、高い倫理観が求められる。

筆者は、中小企業の生産現場で半世紀にわたり働き、退職してからも20年近くになる。この間、政治、経済、経営、技術の変化はすさまじい。経営現場で働きながら、その変化の意味は何かを考えてきた。昼間は会社勤務で、夜間・休日にいろんな文献を読み、研究論文やノートにして発表してきた。定年後も、暮らしつつ学び研究するというスタイルが続く。

80歳代の終盤にさしかかり、そろそろ潮時かもと感じる。そこで出会ったのが、十名直喜氏主宰の「働学研（博論・本つくり）研究会」（以下「働

学研」と略す）である。月例会での発表や議論など切磋琢磨するなか、研究意欲がふつふつと高まる。研究を深め、体系的にまとめてみたいとの思いが湧き出す。

　単著書の出版など、これまでの人生では夢想さえしなかった。研究への激励と助言に力を得て、80歳代終盤より論文執筆・洗練化に励む。わが90歳の変身である。それを肌身で感じつつ編集したのが本書である。わが仕事・研究人生をかけたライフワーク出版に他ならない。まさに92歳の挑戦といえる。「遅咲きの花」かもしれないが、人生に遅すぎることはないといいたい。ぜひご覧いただき、人生を輝かせ熟成させるヒントにしていただければと思う。

# 目次

はしがき .................................................................................. 3

## 序章　生産力・情報・地域・学びの歴史的地平
### ―中小企業に働く視点から捉え直す― ................................. 13

Ⅰ　本書の趣旨 ...................................................................... 13
　Ⅰ-1　筆者の視点とその転換 ............................................ 13
　Ⅰ-2　生産力の「過剰」と「過少」 ................................ 14
　Ⅰ-3　生産力を歴史的にみる ............................................ 14
Ⅱ　本書の構成と課題 .......................................................... 15
　Ⅱ-1　第1部の構成 ........................................................... 16
　Ⅱ-2　第2部の構成 ........................................................... 18
　Ⅱ-3　第3部の構成 ........................................................... 20
　Ⅱ-4　終章と付記 ............................................................. 22
Ⅲ　本書の特徴とポイントは何か ...................................... 23
　Ⅲ-1　本来的な競争とルール・倫理の重要性 ................. 23
　Ⅲ-2　生産力発展の主体としての人間にみる情報・技術の利用と客体と
　　　　しての地域・市場 ................................................. 24
　Ⅲ-3　「三方よし」の競争を発展させる学びと研究 ....... 25

## 第1部　生産力の発展と技術、市場―人類史的まなざし―

## 第1章　生産力の「暴走」と制御
### ―生命の再生産としての生産力の視座― ..................... 28

Ⅰ　はじめに―生産とは何か　生産力とは何か………………28

　Ⅰ-1　生産とはまず生命の維持活動………………28

　Ⅰ-2　人類の生命維持活動の特徴………………29

Ⅱ　生産力の「発展」がもたらす諸問題………………31

　Ⅱ-1　生産力の「暴走」と制御のあり方………………31

　Ⅱ-2　現在の生産力にみる「過剰」と「過少」問題………………32

　Ⅱ-3　生産性の向上で生産力の「暴走」の克服は可能か………………34

Ⅲ　生産力と情報の相互関係………………35

Ⅲ-1　情報の役割をどう考えるか………………35

Ⅲ-2　情報の役割の拡大で生産力はどうなるか………………37

Ⅳ　おわりに―新しい技術の可能性と市場経済の制御………………38


# 第2章　生産力への人類史的まなざし………………40

Ⅰ　はじめに―人間の生産活動への歴史的視座………………40

Ⅱ　人類の進化と生命維持活動の発展………………41

　Ⅱ-1　人類史をさかのぼる………………41

　Ⅱ-2　気候大変動の中の人類の進化………………43

　Ⅱ-3　生物的進化と社会的進化………………44

Ⅲ　認知力と採集狩猟社会の成立………………46

　Ⅲ-1　「認知革命」とは何か………………46

　Ⅲ-2　言葉の進歩と採集狩猟社会の発展………………48

Ⅳ　定住生活と農耕牧畜社会の成立………………49

　Ⅳ-1　「定住革命」とは何か………………49

　Ⅳ-2　文字の発明と農耕牧畜社会の成立………………51

　Ⅳ-3　人間の生産力とその生産物………………52

Ⅴ　おわりに―認知力による管理体制の確立………………54

# 第3章　生産力の発展と技術、市場 ...................................... 55

Ⅰ　はじめに―生産力発展における技術と市場の役割 .......................... 55

Ⅱ　第2次世界大戦後の日本経済の変遷と生産力発展の新しい段階 ........ 57

  Ⅱ-1　高度成長の時期 .................................................... 57

  Ⅱ-2　消費主義の登場 .................................................... 58

  Ⅱ-3　ICT の発展 ........................................................ 60

Ⅲ　ICT は技術と市場をどう変えたか .......................................... 61

  Ⅲ-1　ICT はモノの生産に何をもたらしたか ............................ 61

  Ⅲ-2　ICT は市場に何をもたらしたか .................................. 64

Ⅳ　消費者の欲求に反応する労働の役割 ...................................... 66

  Ⅳ-1　労働過程における情報 ............................................ 66

  Ⅳ-2　市場のおける情報 ................................................ 67

Ⅴ　おわりに―消費者の享受能力と供給者の労働能力 ...................... 68


## 第2部　情報化社会における競争と感性価値


# 第4章　「競争」と競い合い ............................................ 72

Ⅰ　はじめに―競争とは何か .................................................. 72

  Ⅰ-1　現代社会と競争 .................................................... 72

  Ⅰ-2　公共的分野と私的な分野のおける競争 .......................... 73

  Ⅰ-3　経済分野における競争と格差 .................................... 73

Ⅱ　経済分野における競争 .................................................... 73

  Ⅱ-1　経済学における「競争」概念と「自由競争」 .................... 73

  Ⅱ-2　現実社会における競争と制約 .................................... 74

  Ⅱ-3　部門内競争と部門間競争 ........................................ 75

Ⅲ　巨大化・集中化と多様化・分散化 ........................................ 75

  Ⅲ-1　大量生産社会における資本と競争 ................................ 75

Ⅲ -2　人間の欲求と商品の多品種化 ································· 76

Ⅲ -3　需要・生産の変動と企業の対応 ···························· 77

Ⅳ　「競争」と競い合い ············································ 77

Ⅳ -1　大資本と中小資本の競争 ································· 77

Ⅳ -2　「競争」から競い合いへ ································· 79


# 第 5 章　情報化の進展と「競争」の変容 ·················· 81

Ⅰ　はじめに ····················································· 81

Ⅱ　情報と競争はどのような関係にあるか ····················· 82

Ⅱ -1　競争における情報の役割 ································· 82

Ⅱ -2　情報の特質 ············································· 83

Ⅱ -3　情報の在り方について ··································· 84

Ⅲ　消費主義社会とその対応 ··································· 85

Ⅲ -1　消費主義社会における競争の変化 ······················· 85

Ⅲ -2　消費主義社会における対応 ······························· 88

Ⅲ -3　消費主義社会における中小企業の在り方 ··················· 89

Ⅳ　消費主義社会と中小企業の生産と労働の変化 ················· 90

Ⅳ -1　小ロット・多品種・短サイクル生産 ······················ 90

Ⅳ -2　不安定労働の克服 ········································· 91

Ⅳ -3　消費者の望むものを提示する ······························· 92

Ⅴ　ICT 社会における競争の変容 ································· 94

Ⅴ -1　ICT 社会の発展で競争はどう変容するか ··················· 94

Ⅴ -2　成長の限界とシステムの転換 ······························· 95


# 第 6 章　商品の機能価値と感性価値 ·················· 97

Ⅰ　消費の重要性 ················································· 97

Ⅰ -1　消費生活向上の意義 ··································· 97

Ⅰ-2　消費主義社会における消費 ……………………………… 98

Ⅱ　機能価値と感性価値 ……………………………………………… 100

　Ⅱ-1　商品の二要因 …………………………………………… 100

　Ⅱ-2　機能価値を超える感性価値 ………………………………… 103

　Ⅱ-3　人間の発達を疎外するものは何か ……………………… 105

Ⅲ　感性価値と「ブランド」 ………………………………………… 107

　Ⅲ-1　「ブランド」とは何か …………………………………… 107

　Ⅲ-2　感性価値の内容は何か …………………………………… 109


## 第3部　消費社会における地域と中小企業


## 第7章　生産力発展の基盤としての地域
### ―国家の成立から振り返る― …………………………………… 114

Ⅰ　はじめに …………………………………………………………… 114

Ⅱ　国家とは何か ……………………………………………………… 115

　Ⅱ-1　多様な制度の併存 ………………………………………… 115

　Ⅱ-2　国家の起源の考察 ………………………………………… 116

　Ⅱ-3　所有の概念の成立 ………………………………………… 116

　Ⅱ-4　種々の国家の成立 ………………………………………… 119

　Ⅱ-5　国家の経済的機能 ………………………………………… 120

Ⅲ　定住生活と生産力の発展 ………………………………………… 121

　Ⅲ-1　生産の原点―定住生活 …………………………………… 121

　Ⅲ-2　定住生活が促す生産力の基盤・孵化器としての地域の形成 …… 122

　Ⅲ-3　定住生活と地域社会の現代的な変容と課題 …………… 122

　Ⅲ-4　市場と国家の改革 ………………………………………… 123


## 第8章　地域と中小企業　―中小企業発展の条件― …………… 125

| Ⅰ | 地域とは何か | 125 |
| Ⅱ | 消費欲求を充足させる手段としての企業 | 129 |
| Ⅲ | グローバルに生きる資本と地域に生きる個人 | 133 |
| Ⅳ | 地域の公害問題と中小企業 | 137 |
| Ⅴ | 「日本型企業社会」と企業のオープン化 | 139 |

## 第9章　重層消費社会と中小企業 ……144

| Ⅰ | はじめに | 144 |
| Ⅱ | 階層分化説と個性的高級化説 | 145 |
| Ⅲ | 重層消費社会とは何か | 147 |
| Ⅳ | 重層消費社会と中小企業 | 150 |
| Ⅴ | おわりに | 152 |

## 終章　「学習」から「学び」「研究」へのシフトと挑戦
―わが生涯にみる労働・学習・研究のスタイルと転換点― ……153

| Ⅰ | はじめに | 153 |
| Ⅱ | ニクソンショック・オイルショックとは何だったのか | 154 |
| Ⅱ-1 | ニクソンショックとオイルショックの勃発 | 154 |
| Ⅱ-2 | 手記にみる中小企業経営者のショック観 | 155 |
| Ⅱ-3 | 危機における繊維産業と中小企業経営 | 157 |
| Ⅲ | 関西勤労協と基礎研の資本論講義に学ぶ | 158 |
| Ⅲ-1 | 関西勤労協の資本論講義における学びと物足りなさ | 158 |
| Ⅲ-2 | 基礎経済科学研究所の資本論講義への参加 | 159 |
| Ⅳ | 「学習」を超えて　「学び」と中小企業研究への旅立ち | 160 |
| Ⅳ-1 | 労働者の学びと研究　―基礎研にみる新たな視座 | 160 |
| Ⅳ-2 | 中小企業研究への思いと決意　―働きつつ学び研究する活動 | 161 |

Ⅳ-3　夜間通信研究科の第三学科ゼミに参加 ........................ 162

Ⅳ-4　オイルショックにおける染色工場の対応 .................... 163

Ⅴ　中小企業研究の歩みと新たな画期 .................................... 164

Ⅴ-1　中小企業研究の歩み ........................................................ 164

Ⅴ-2　「人間発達の経済学」との出会い ................................ 165

Ⅴ-3　その後の研究の進展 ........................................................ 166

Ⅵ　バブルとその崩壊期における研究の模索 ........................ 167

Ⅶ　企業・地域・自分史への新たな視座と研究の広がり・展開 ...... 168

Ⅷ　研究の深化・洗練化・体系化―「働学研」での研鑽と挑戦 ...... 169

Ⅸ　おわりに　―92歳の初出版に向けて ................................ 170


# 付記　未来のために過去を振り返る ―平和共存と戦争― ...... 172

Ⅰ　はじめに .................................................................................... 172

Ⅱ　ウクライナ戦争 ........................................................................ 173

Ⅱ-1　戦争の報道　―恐怖は伝えられたか ........................ 173

Ⅱ-2　文化の破壊　―憎しみの連鎖 .................................... 174

Ⅱ-3　敵か味方か　―中立が許されない ............................ 175

Ⅱ-4　ウクライナ戦争までの経過 ........................................ 175

Ⅲ　ユーゴスラヴィア内戦 ............................................................ 177

Ⅲ-1　連邦の解体 ........................................................................ 177

Ⅲ-2　ユーゴスラヴィア内戦 .................................................... 178

Ⅲ-3　国際社会の課題 ................................................................ 180

Ⅳ　国連中心主義 ............................................................................ 181

Ⅳ-1　国連の誕生　―五大国の拒否権 ................................ 181

Ⅳ-2　個別的集団自衛権 ............................................................ 182

Ⅴ　平和共存の時代 ........................................................................ 184

Ⅵ　現在から過去を振り返る ........................................................ 186


あとがき ............................................................................................ 188

参考文献一覧 191

著者紹介 195

本文註 197

索　引 201

働学研双書のご案内 204

序章

# 序章　生産力・情報・地域・
# 　学びの歴史的地平

## ―中小企業に働く視点から捉え直す―

＜目次＞
Ⅰ　本書の趣旨
　Ⅰ-1　筆者の視点の転換
　Ⅰ-2　生産力の「過剰」と「過少」
　Ⅰ-3　生産力を歴史的にみる
Ⅱ　本書の構成と課題
　Ⅱ-1　第1部の構成
　Ⅱ-2　第2部の構成
　Ⅱ-3　第3部の構成
　Ⅱ-4　終章と付記
Ⅲ　本書の特徴と見直点は何か
　Ⅲ-1　競争論の提起
　Ⅲ-2　生産力発展の主体としての人間にみる情報・技術の利用と客体とし
　　　　ての地域・市場
　Ⅲ-3　「三方よし」の競争を発展させる学びと研究

## Ⅰ　本書の趣旨

### Ⅰ-1　筆者の視点とその転換

　筆者は50年以上にわたって中小企業で働き、その中で中小企業問題を考えてきた。しかし生産の現場から離れて、すでに20年近くたっている。その間の生産力の発展は著しい。特に新しい情報通信技術（以下ICTと略す）の出現と浸透、さらにサービス経済の拡大によって、生産、労働、消費のあり方は、大きく変容してきている。人間は生産者であるだけではない。同時に消費者でもある。またそれ以外の種々の社会的活動もする。

　これまで筆者は、生産者の立場、とくに中小企業の立場に固執してきた。それ以外の分野の問題は他の人が考えればよいというスタンスだった。そ

うではなくもっと総合的に考えたい。生産者といっても人間社会全体としての生産者の立場に立っていたのではなく、企業としての生産者の立場に立っていた。それゆえ消費者の立場といっても人間社会全体としての消費者の立場ではなく、商品の販売先としての消費者の立場に立っていたのである。本書では、この立場を根本的に転換したいと考えている。

## Ⅰ-2　生産力の「過剰」と「過少」

生産力とは何か。人間の生産活動はその生命維持活動から出発している。しかし生産活動は生命維持活動と同じではない。人類の生命維持活動は消費と生産を一体化したものとして出発した。人類はその歴史のなかで生物としての生命維持活動の一部を生産力へと発展させた。生産力は順調に発展しているだろうか。

いまや生産力は、「暴走」の様相を呈している。量的に肥大化しているが、地球の環境破壊や人間の疎外をもたらすなど、制御能力を欠くという質的な問題を深刻化させている。それは、果たして真の生産力といえるのか。生産力をその本来の意義から考えて、それを「暴走」という視点から考察することによって、今まで筆者がいろいろ考えてきたことを、一つの方向に収斂させることができればと思う。

「暴走」といっても必ずしも「過剰」の問題だけではない。「過少」の問題もある。たとえば、原材料の使用を制御する能力がない。低廉だからといってプラスチックの乱用はどうだろうか。筆者の家庭でもプラスチックのゴミが１週間もたたないうちにこれもプラスチック製のゴミ袋いっぱいたまる。また修繕するより新しい商品の購入が奨励される。リデュース、リユース、リサイクルは高価につく。これらは一方の生産力が「過剰」に発展している反面、他方の生産力が「過少」であることを現わしている。自然の価値を正当に評価せず、それによって環境を破壊している。

## Ⅰ-3　生産力を歴史的にみる

まず、生産力は何かを歴史的にさかのぼる。これによって生産、交換が発展し、その手段として貨幣が発展したことがわかる。しかしそれは私的

所有を生み、それを守る権力、さらに有力な私的所有者の利益を守る国家を生み出した。これらすべてが本書の課題になっているわけではないがそのなかで生産力本来の意義を貫徹する途を明らかにしたい。

次に、現代の深刻な問題に目を向ける。いまや核戦争の危機も否定できない。核エネルギーを核兵器に利用して人類の殺害に使うのは、生産力の「暴走」の最たるものである。核兵器の使用禁止さらに廃棄が待ったなしの課題となっている。一方、原子力の平和的利用であるはずの原子力発電も「トイレなきマンション」といわれるように、廃棄物の処理ができないだけでなく、福島の事故に現れたように発電自身の安全も確保されていない。技術的にみると電力は、他の方法で十分まかなえる段階に達している。その技術とシステムを本格的に発展させる方向ではなく、制御できていない原発への依存を高めようとする動きも見られる。その他にも生産力の「暴走」と考えられるものは数々ある。

最後に、未来社会のあり方に思いを馳せる。生産手段の社会化をめぐってである。言葉でいうのは簡単だが、実際に生産手段を社会化するということはどういうことなのか。具体的には明らかではない。中小企業で生産手段を管理することは目に見えて明らかだが、社会的に管理するということはどういうことなのか。中央からの指令に任せるのではなく、個々の職場で生産手段をどのように管理するかが重要であろう。これらはすべて生産力をいかに制御するかという問題の根幹にかかわる。

生産力とは、ものやサービスを「つくり出す」能力である。そこには、その活動をどう制御するかも含まれていなければならない。本来は、「つくり手よし」にとどまらず、「三方よし」も含まれているはずである。今や、その制御のタガが外れて「暴走」していると言えよう。

## II 本書の構成と課題

本書の構成は以下のとおりである。

**第1部 生産力の発展と技術、市場 ―人類史のまなざし**

第2部　情報化社会における競争と感性価値
第3部　消費社会における地域と中小企業

　第1部は、生産者の立場から、いわば「つくり手よし」の視点から、人類史にさかのぼり、生産力の発展のあり方を考察する。第2部では、「売り手よし」「買い手よし」の視点から、競争のあり方を検討し公正な競争を模索する。第3部では、「世間よし」の視点から、人間関係のあり方を検討する。

## Ⅱ-1　第1部の構成
　第1部「生産力の発展と技術、市場　―人類史的まなざし」は、第1～3章から構成される。
　**第1章「生産力の『暴走』と制御―生命の再生産としての生産力の視座」**
　**第2章「生産力への人類史的まなざし」**
　**第3章「生産力の発展と技術、市場」**

　第1章「生産力の『暴走』と制御―生命の再生産としての生産力の視座」では、生産力が「暴走」していること、それをいかに制御するかを総合的に検討する。
　第Ⅰ節で、生産とは何か、生産力とは何かを歴史をさかのぼって考える。Ⅰ-1では、生産とはまず生命の維持活動であることを明らかにし、生物の生命維持活動から人類の生命維持活動への発展の過程を考察する。Ⅰ-2では、人類の生命維持活動の特徴を指摘する。
　第Ⅱ節では、生産力発展の現状における諸問題を考える。Ⅱ-1では、生産力の発展が、地球環境を破壊するまでに至っている現況を指摘し、生産力制御の必要性を述べる。Ⅱ-2では、生産力の「暴走」的状況を「過剰」と「過少」の視点からメスを入れる。Ⅱ-3では、生産性の向上だけでは生産力の「暴走」を克服することができない理由を説明する。
　第Ⅲ節では、新しく現れたICTと生産力の相互関係を考える。Ⅲ-1では、情報の役割を歴史的に明らかにする。Ⅲ-2では、ICTによる情報の役割

の拡大が、生産力にどのような影響を与えているかを考察する。

第Ⅳ節では、ICT などの新技術が切り拓く可能性と課題、それが制御する市場経済の役割に言及し、締めくくる。

第2章「生産力への人類史的まなざし」では、生産力の発展を長い人類の歴史のなかでより深く考察する。

第Ⅰ節では、人間の生産活動と情報交流および定住生活をめぐる歴史的変遷を人類史的視点から概括する。

第Ⅱ節では、人類の進化とその過程での生命維持活動の発展を追う。Ⅱ-1 では、近年、人類史の研究が急速に進んでいることを明らかにする。Ⅱ-2 では、気候大変動の中で、人類の苦闘と進化を描く。Ⅱ-3 では、生物的進化と社会的進化の区別と関連を論じる。また、進化は肯定的側面ばかりではなくその陰に傷跡もあることを指摘する。

第Ⅲ節では、認知力が採集狩猟活動を発展させて採集狩猟社会を成立させたことを明らかにする。Ⅲ-1 では、Y.N. ハラリ (2011) の「認知革命」論を取り上げその意義と限界を明らかにする。Ⅲ-2 では、言葉の進歩と採集狩猟社会の発展との関係を述べる。

第Ⅳ節では、定住生活が農耕牧畜社会を誕生させた関係を論じる。Ⅳ-1 では、定住生活が成立した事情を描くとともに、西田正規 (2007) の「定住革命」論を取り上げその意義と限界を明らかにする。Ⅳ-2 では、文字の発明が農耕牧畜社会の成立と発展に貢献したことを論じる。Ⅳ-3 では、そのうえで人間が行う生産、それが産み出す生産物、生産物を産みだす生産力の関係について考える。

第Ⅴ節では、認知力が社会の管理体制を生み出すこと、それが一方では支配体制に転化することによって多くの問題を発生させることを指摘する。

第3章「生産力の発展と技術、市場」では、生産力発展の形態である「競争」特に企業間の「競争」について基本的な考察をする。

第Ⅰ節では、生産力の発展にはその手段である技術と発展の場である市場とが大きな役割を果たすことを明らかにする。

第Ⅱ節では、第2次世界大戦後の日本経済の変遷を論じ、その間にいくつかの段階があったこと、そして現在はICTの発展による新しい段階に入っていることをいくつかの側面から検討する。Ⅱ-1では高度成長の時期が検討される。Ⅱ-2では、生産力と消費との関係について消費主義の登場が論じられる。Ⅱ-3ではICTの発展が考察される。

　第Ⅲ節では、そのICTが生産と市場をどう変えたかを検討する。Ⅲ-1では、ICTはモノの生産に何をもたらしたかを明らかにし、Ⅲ-2では、ICTが市場に何をもたらしたかを明らかにする。

　第Ⅳ節では、労働過程と市場における情報の役割が検討される。Ⅲ-1では、労働過程における情報の役割が、Ⅲ-2では、市場におけるニーズを把握するうえでの情報の役割が明らかにされる。

　第Ⅴ節では、以上で明らかにされた供給者の生産能力と消費者の享受能力との対応関係が生産力を発展させることを論じて締めくくる。

## Ⅱ-2　第2部の構成

　第2部「情報化社会における競争と感性価値」は、第4〜6章から構成される。

**第4章「『競争』と競い合い」**
**第5章「情報化の進展と『競争』の変容」**
**第6章「商品の機能価値と感性価値」**

　第4章「『競争』と競い合い」では、生産力発展の主要な形態である競争の実態を明らかにし、真の競争はいかにあるべきかを論じる。

　第Ⅰ節では、競争一般を論じるとともにそのなかで経済分野における競争を考える。Ⅰ-1では、一般社会における種々の競争を取り上げる。Ⅰ-2では、公共的分野と私的分野における競争の在り方を考える。Ⅰ-3では、そのうえで経済分野における競争の特徴を明らかにする。

　第Ⅱ節では、経済分野における競争を分析する。Ⅱ-1では経済学で論じられている「自由競争」について説明する。Ⅱ-2では、それと比較して現実社会で行われている競争とその制約を論じる。Ⅱ-3では、現実社

会で行われている競争を、部門内競争と部門間競争に分けて分析する。

　第Ⅲ節では、巨大化・集中化と多様化・分散化という二つの大きな流れのなかで行われる競争の実態と、それが真の人間欲求とどう対応しているかを論じる。Ⅲ-1では、大量生産社会における資本間の競争を述べる。Ⅲ-2では、人間の欲求の多様化に伴って商品の多品種化は避けられないことを説明する。Ⅲ-3では、需要の多様化、商品の多品種化に伴う生産の変動、企業の対応を論じる。

　第Ⅳ節では、大資本と中小資本との「競争」を論じるとともに、競争の真の在り方を問う。

　Ⅳ-1では、大資本と中小資本との競争の実態を明らかにする。Ⅳ-2では、そのうえで競争の真の在り方、競い合いの方向を模索する。


　第5章「情報化の進展と『競争』の変容」では、最近のICTの進展により競争がいかに変容したかを論じる。

　第Ⅱ節では、情報と競争との関係を明らかにする。Ⅱ-1では、競争における情報の役割を論じる。Ⅱ-2では、情報の在り方の基本的特質を明らかにする。

　第Ⅲ節では、ICTの進展の以前に成立した消費主義社会について検討する。Ⅲ-1では、消費主義社会における競争の変化を考える。Ⅲ-2では、企業が消費主義社会にどう対応したかを説明する。Ⅲ-3では、消費主義社会の進展のなかで中小企業はどのように努力したかを追う。

　第Ⅳ節では、消費主義社会で中小企業の生産と労働がどのように変化したかを考察する。Ⅳ-1では、生産過程では小ロット・多品種・短サイクルの生産を余儀なくされることが明らかにされる。生産の短サイクル化とは、納期の短い発注が繰り返されることである。Ⅳ-2では、労働過程では不安定労働がもたらされることが明らかにされるとともに、それを克服する道が模索される。Ⅳ-3では、そのために消費者のニーズをどう捉えるかを考える。

　第Ⅴ節では、ICT社会で競争はどのように変容するかが論じられ、それへの対応が模索される。Ⅴ-1では、競争における感性の役割が論じられ、

ICT の限界が論じられる。V-2 では、成長の限界と新しいシステムへの転換が示唆される。

　第 6 章「商品の機能価値と感性価値」では、商品の機能価値と感性価値という両側面が論じられる。

　第Ⅰ節では、消費生活向上の意義を考える。Ⅰ-1 では、人類社会における消費生活向上の意義が述べられる。Ⅰ-2 ではそれに対応して新しい消費主義社会における消費について考える。

　第Ⅱ節では、機能価値と感性価値について本格的に検討する。Ⅱ-1 では、改めて商品の 2 要因である価値と使用価値について述べ、使用価値の内容についてさらに検討を加える。Ⅱ-2 では、機能価値を超える感性価値について考察する。Ⅱ-3 では、消費と人間発達との関係を取り上げる。

　第Ⅲ節では、感性価値と「ブランド」との関係を取り上げる。Ⅲ-1 では、「ブランド」とは何かを考える。Ⅲ-2 では、感性価値の具体的な内容について説明する。

## Ⅱ-3　第 3 部の構成

　第 3 部「消費社会における地域と中小企業」は、第 7 〜 9 章から構成される。
　**第 7 章「生産力の発展の客体としての地域　―国家の成立から振り返る」**
　**第 8 章「地域と中小企業　―中小企業発展の条件」**
　**第 9 章「重層消費社会と中小企業」**

　第 7 章「生産力発展の客体としての地域　―国家の成立から振り返る」では、生産力発展の客体としての地域の形成について論じる。人間は定住生活をすることによってその生産力を発展させた。協同で生活をして地域を形成した。情報を管理することによって生産を管理し、生産にかかわる人々を管理する。管理は情報を掌握している人々の支配に変わった。共同体が変質して国家が成立した。

　第Ⅱ節では、国家の在り方をその起源にさかのぼって考察する。Ⅱ-1 では、地域の形成には多様な在り方があるが、特定の在り方が優れている

というものではない。その地域に合わせたシステム形成の在り方が問われることを明らかにする。Ⅱ-2では、以前は文字に書かれた歴史によって国家の起源は単純に描かれてきた。しかし生産関係の上部構造である国家は抽象的な存在である。その成立は有形なものから直接表示されるものではない。有形なものから推測されるものであることを明らかにする。Ⅱ-3では、まず所有の概念の成立を論じる。Ⅱ-4では、種々の国家はどのように成立したのかを明らかにする。Ⅱ-5では、国家の経済的機能に絞って考察することを明らかにする。

　第Ⅲ節では、定住生活における生産力の発展について考察する。Ⅲ-1では、生産の原点に返って定住生活を考える。Ⅲ-2では、定住生活と地域の形成を追う。Ⅲ-3では、定住生活と地域社会の現代的な変容とその課題を問う。Ⅲ-4では、地域の形成が市場の形成に発展し、生産力をさらに発展させた過程を考察するとともにその改革を提起する。


　第8章「地域と中小企業　―中小企業発展の条件」では、地域との結びつきが中小企業発展の条件であることを明らかにする。

　第Ⅰ節では、地域とは何かを定義し、地域自治体の在り方、地域自治体への地域住民の意識の反映の在り方を考える。

　第Ⅱ節では、企業とは何かを定義し、資本と企業との関係を整理する。そのうえで地域の消費欲求を充足するための手段としての企業を位置づける。

　第Ⅲ節では、グローバルに生きる企業と地域に生きる個人との関係を論じる。地域住民は企業に何を要求すべきか。住民の欲求に沿う商品が供給されるとともに、それが地域の自然を生かすものでなければならないことを論じる。

　第Ⅳ節では、地域の公害問題と中小企業の関係について論じその解決策としての「工業団地」問題について考える。理想的な「工業団地」はどうあるべきか。

　第Ⅴ節では、「日本型企業社会」の問題を取り上げ、企業を地域にオープン化することの意義を強調し、企業と地域の問題についてその最終的な

解決策を示唆する。

第9章「重層消費社会と中小企業」では、重層消費社会を提起して、ICT社会における中小企業の生きる途を指し示す。

第Ⅰ節では、大量消費社会以降の「購買力」と「消費者の欲求」との関係について「重層消費社会」説を提起する。

第Ⅱ節では、階層分化説と個性的高級化説のそれぞれについて説明する。

第Ⅲ節では、「消費者の欲求」の在り方を考え、階層分化説と個性的高級化説を共に否定した重層消費社会を説明する。

第Ⅳ節では、重層消費社会では生産と販売の在り方多くの工夫が必要であることを論じる。

第Ⅴ節では、今後の中小企業の発展を考える場合、重層消費社会との結びつきが重要であることを提起する。

### Ⅱ-4　終章と付記

最後に、終章は『「学習」から「学び」「研究」へのシフトと挑戦―わが生涯にみる労働・学習・研究のスタイルと転換点』である。

生涯を振り返ると、いくつかの大きな政治的および経済的危機に直面した。そのなかで転機となるのは、生涯の半ばで基礎経済科学研究所（以下基礎研と略す）を探し当て、「研究」という道を踏み出すことができたことである。これが筆者の生涯にとってどれほど大きな意味をもったかを振り返る。この間「研究」は一直線に進んだわけではなく停滞と飛躍が繰りかえされた。2020年、88歳になって「働学研」に出会い再び大きな転機を迎える。これが本書の出版に結びついた。

この学習と研究が生産力の発展にとってまた人間の全面的発達にとって極めて重要であることを指摘する。

さらに＜付記＞として、「未来のために過去を振り返る―平和共存と戦争」を付け加える。これは筆者が生きてきた90余年の世界と日本を振り返り、日本国憲法前文と第9条が掲げた理想が人類にとって唯一の道であり、世界と日本は曲がりくねってもこの方向に進むであろうという確信を

もって締めくくりたいと思う。

## III　本書の特徴とポイントは何か

本書の特徴として、次の3点があげられる。

### III‐1　本来的な競争とルール・倫理の重要性

第1は、生産力制御の方法として競争のあり方とその重要性を問題提起したことである。本来的な競争、とりわけ「三方よし」の競争とは何かが問われねばなるまい。

本書は、競争を基本的には肯定する立場である。競争にもいろいろある。経済の分野だけではない。日常的に一番目に付くのはスポーツやゲームの世界である。最近では野球の大谷選手や将棋の藤井名人が称賛されている。かれらがいかに賞賛されてもマイナスの要因はない。他の人もルールに基づいて競争に参加し勝利して賞賛を受けることができる。それによって野球や将棋の世界が発展する。

これに対して科学や芸術の世界では競争に基本的な制約はないとみられる。より創造的か、より感動的か、より面白いか、など出来栄えの質と水準をめぐる競争が無限に続く。しかしそれによって基本的に他の人々が被害を受けること、科学や芸術そのものが害されることはない。むしろ競争を制限すること科学・芸術活動を制限することによって種々の被害がもたらされた。天動説と地動説では双方の立場からの研究と論争によって前者の誤りが克服された。しかし一面では天動説が地動説を生み出したともいえる。ニュートンの万有引力とアインシュタインの相対性原理では真理の範囲が拡大し真理が積み重ねられたといえる。

ところが政治的（軍事的を含む）競争や経済的競争は、相手を叩き潰すまで発展する可能性が高く、制限もしくは排除しなければならない。特に軍事的競争——戦争は相手を殺害するのが目的であり排除しなければならないと考える。

経済的な競争においては、大小の資本が自由に競争しているわけではない。大きな資本はその力によって自由な競争を阻害しまたは仲間で話し合って自分らの利益を擁護しようとする。これらの対しては何らかの形で自由な競争を維持するための規制が必要になる。

　本書はさらにICTの進展に伴う競争の変容を提起している。旧来の産業資本と銀行資本が融合癒着した金融資本が支配的な時代では、競争はいくつかの巨大な金融資本の談合によって競争が排除されることが多かった。それに反してICTの進展した時代には（ICTを進める資本を仮に情報資本と名付けると）、情報資本は未踏の分野を切り開き、制約のないなか自由自在に支配を広げていく。異なった部門では競争するにしても、特定の部門では完全独占を形成して競争を排除しその部門を支配する。さらにその力を利用して他の部門をも支配する。

　これに対する規制をどうするか。たんに公正取引を擁護するだけでは規制できない段階に達しているように思われる。特許権等疑似的な所有権をどう取り扱うか。国家による直接の規制が必要なように思われる。さらには多くの取引が国際的になっていることから国際社会による規制が必要になっている。将来は国際連合の規制が必要であるにしても、現状では主要な多国間の共同規制が現実的であろう。

### Ⅲ-2　生産力発展の主体としての人間にみる情報・技術の利用と客体としての地域・市場

　第2は、生産力の発展においてその主体としての人間にみる情報の認知と技術の進歩、生産力発展の客体として地域の形成の重要性を指摘したことである。

　生産力の主体は、情報や技術ではなく人間（労働力）である。（原材料などの）労働対象、（道具、機械や技術などの）労働手段は、労働力とともに、生産力の主要な構成要素である。情報は、労働対象である一方、情報社会では労働手段としての役割をも担い、その比重が大きくなっている。

　そうした生産力の受け皿となるのが、市場であり、地域、社会である。それらは、「主体に対応する存在」、「主体の作用の及ぶ存在」（『広辞苑』第

7版　岩波書店　2018年）であり、まさに「客体」に他ならない。

　人間の生産活動の中で、情報は大きな役割を果たした。最近は ICT 時代といわれ、情報が大きな役割を果たしていることは誰にでも認識されている。しかし情報は、ICT の時代になってから重要な役割を果たすようになったわけではない。なるほど情報を収集・分析・伝達する人間の能力は ICT の時代になって急速に進歩したが、人間が自然や社会について認知する能力の重要性は歴史的なものである。生産力の発展は人間が情報を認知する能力を得たことによってはじめて可能になった。それによっていわゆる技術の進歩がもたらされた。道具を工夫し、機械を発明し、コンピュータを生み出した。人間は、具体的な物体の存在とその性質を認識するだけではない。目には見えない抽象的な存在とともに存在と存在との関係をも認識する。情報の認知力なくして社会を形成することはできないし、生産力を拡大させることも生産力を制御することもできない。

　次に重要なことは、採集狩猟時代の後期に成立した定住生活の意義である。これは生産様式そのものを直接変革するものではないが生産力発展の客体・場を提供するものである。それは生産物の保存を可能にし、また生産手段の固定化を可能にした。言葉を発達させ人類の協力を促進し社会を成立させた。さらに、文字を生み出し管理体制を確立した。定住生活は、たんに人間が一定の地域に集まって生活することだけではない。一定の地域に協同して生活し生産力を発展させることである。それによってやがて地域内にいわゆる市場が形成された。さらに地域間にも市場が形成された。人間は定住生活をして社会を形成し、それによって農耕牧畜社会だけでなくその後の工業社会をはじめとする巨大な社会的生産力を発展させることができたのである。

### Ⅲ‐3　「三方よし」の競争を発展させる学びと研究

　第3は、競争のあり方と新たな独占の規制が問われる中、「三方よし」の競争を発展させ、生産力を進歩させるために、各個人が学習・研究する必要性またその客体・場としての地域・社会の重要性を提起しているところにある。

「三方よし」の競争を発展させ、生産力を進歩させるためには、「三方」に配慮する広い視野と洞察、高い倫理観が求められる。各人がそれぞれ個人としてまた集団の一員として、そうした資質を磨かなければならない。それには何よりも学習が必要である。他の人から学ばなければならない。いまあるものから学ばなければならない。それは必ずしも座して与えられるものではなく積極的に求めなければならない。また明示的に与えられるものでもない。

　さらに重要なのは研究を進めることである。たんに今までの方法を学習するだけでは進歩はない。それでは競争に勝てない。この場合競争は現に行われている「競争」を言っているわけではない。本当の意味の競い合いである。物事を進歩発展させようとするならば従来のやり方をそのまま維持しているだけではいけない。多くの物事はそのまま維持することは難しい。絶えず改良発展させる必要がある。そのためには過去から学び他者から学んでさらに工夫を加えて発展させる必要がある。これが研究である。研究は単独で行われるものではない。直接の共同研究ではなくても他から学び共同で進歩発展させる以外にない。いまそれが不充分であってもそれ以外に方法はないのである。この点は終章で具体的に述べたい。

　人間は全面的に発達し彼らによってアソシェーションと呼ばれる未来社会が形成される。ただアソシェーションという言葉は資本主義のもとでの協同組合にも使用されているので議論するときにはより厳密に定義しなければならない。

# 第1部

## 生産力の発展と技術、市場
### ―人類史的まなざし―

第1部

# 第1章　生産力の「暴走」と制御

## ―生命の再生産としての生産力の視座―

＜目次＞
I　はじめに―生産とは何か　生産力とは何か
　I -1　生産とはまず生命の維持活動
　I -2　人類の生命維持活動の特徴
II　生産力の「発展」がもたらす諸問題
　II -1　生産力の「暴走」と制御のあり方
　II -2　現在の生産力に見る「過剰」と「過少」の問題
　II -3　生産性の向上で「暴走」の克服は可能か
III　生産力と情報の相互関係
　III -1　情報の役割をどう考えるか
　III -2　情報の役割の拡大で生産力はどうなるか
IV　おわりに―新しい技術の可能性と市場経済の制御

## I　はじめに―生産とは何か　生産力とは何か

### I - 1　生産とはまず生命の維持活動

　序章　I -1　筆者の視点の転換で述べたように、これまでの筆者の視点を転換して、生産力をその「暴走」と制御という視点からまとめたのが、本章「生産力の「暴走」と制御―生命の再生産としての生産力の視座―」である。

　生産とは何か。生産力とは何だろうか。『広辞苑』（第7版）には次のように書いてある。

　生産とは、①生活の資を作り出す仕事。なりわい。生業。

　②出産。

　③人間が自然に働きかけて人にとって有用な財・サービスを作り出すこと、もしくは獲得すること。

　④生物が自己体を作り上げ、あるいは増殖する過程。生物生産。

28

生産力とは、「財・サービスを生産し得る力。社会の生産力は生産手段と労働力が一定の生産関係を通じて結合することによって生み出される」となっている。

　十名直喜氏は、生産および生産力を規定して次のように言われている。

　「生産」とは、社会が存立するための最も基本的な人間の活動である。その根幹をなすのは、人間の生命・生活の生産と再生産である。「生産力」とは社会が存立するための人間の活動力のことである[2]。

　物的生産とはまず、人間が自然に働きかけてその生命を再生産する行為であると考えられる。生物的本能に基づく生命の維持発展が基礎である。自然に働きかけてその生命を維持発展させているのは人間だけではない。すべての生物はそうしている。哺乳類の大部分は、口か手で採食している。魚類は口での採食であり、脊椎動物はこの地点から進化を始めた。哺乳類は、口型と手型の中間にいた原始哺乳類から出発して、口型と手型の二つの方向へ、およそ1億年近くをかけてその生活の幅を拡大してきた。霊長類は口と手で採食するが、進化するにしたがって手の役割が大きくなった。

　脊椎動物の行動において視覚情報は重要である。口をよく使う動物から手をよく使う動物への変化には、口を見る目から手を見る目への変化が伴っている[3]。類人猿も口と手で採食するが、それでも移動にも手を使う。約700万年前、初期人類は直立二足歩行をして移動には手を使わず、より自由になった手を使って木の実や小動物を採って生命を維持してきた。

　これらの生物の生命維持活動と人間の生命維持活動とはどこが違うのだろうか。蜜蜂は精巧な巣をつくっている。初期人類の家よりも精巧であろう。しかし蜜蜂は計画的に巣をつくっているわけではない。彼らは本能的に生物的にその巣をつくっているのである。初期人類はその住まいを意識的につくった。計画的に社会集団的につくったのである。ここに他の生物と人類との生命維持活動の違いがある。この人類の意識的社会的な生命維持活動こそ生産といえるものであろう。

## Ⅰ-2　人類の生命維持活動の特徴

　人類の生命維持活動の発展には次のような条件が整う必要があると思わ

れる。

　第1に、それは自己だけでなく他者のためにも行われる行為である。哺乳類は幼児に母乳を与えるが、ほとんどの哺乳類は短期間で歩行が可能になり、自力で採食することが可能になる。しかし人間は未熟児として生まれ、歩行および自力での採食が長期にわたって不可能である。従って人間がその生命を維持発展させる行為は自己だけでなく家族のためにも行われなければならない。それはさらに家族以外の人々のためにも行われるようになる。そのため、生命の維持発展のために獲得されたものはその場で消費されることなく生産物として貯蔵されるようになり、消費との間に時間差が生まれた。現代では生産物に結実しないサービス労働が過半を占めているが、他者のための行為であることには変わりはない。

　第2に、生産とは何らかの生産手段を使って行われる行為である。口だけで、あるいは口と手を使って行う採食は生産ではない。すでに約250万年前に初期人類が、死肉アサリ、堅果や根菜の採食などに使用したオルドワン石器が残されている[4]。人類は生産のための手段、すなわち生産手段を手に入れた。破砕された石がその第一歩である。それは道具となり、機械となり、ICT機器となった。素晴らしい発展であるが、その本質は同一である。最初はたぶん木の実を落とすために木の枝が用いられ、堅い木の実を破砕するために自然石が用いられた。その自然石がさらに破砕されることによってより有用な石器が製作された。それが今日まで残されているのである。チンパンジーも、ときには石で木の実を割ることが知られている。しかしそれは意識的ではなく、偶然に割れるまで何度も何度も石を叩きつけるのである。

　第3に、生産とは人間が個人的にではなく他者と協力して行われる行為である。人間が生産したものが生産物となりその個人以外の例えば家族が消費するようになると、ヒトとモノとの社会的関係ができた。生産したものが最終的に生産した個人のものになるかどうかは他の個人との関係による。生産物がそれを生産した個人の支配から離脱することによって、ヒトとモノとの関係がヒトとヒトとの関係を生む。

　その生産をなし得る人間の活動力が生産力であり、それは人間の労働力

と生産手段が一定の生産関係を通じて結合することによって生み出される。

奴隷制と労働地代の時代には、ヒトとヒトとの関係が直接的に現れる。生産物地代の時代には、ヒトとヒトとの関係が、ヒトとモノとの関係を通じて現れる。貨幣地代の時代には、ヒトとヒトとの関係が貨幣を通じて現れる。資本主義の時代には、ヒトとヒトとの関係は、資本と労働力との関係を中心として現れる。もはや生産は消費とは直接結びつかなくなった。それとともに生産力が消費を離れて発展し、その「暴走」が始まる。

## Ⅱ 生産力の「発展」がもたらす諸問題

### Ⅱ‐1 生産力の「暴走」と制御のあり方

かつて、生産力が発展することは無条件に良いことだと考えられていた。日本でも戦後復興期あるいは 1960 年代の高度成長期まではそうであった。もちろんこの頃でもあるいはそれ以前でも、生産力の増大にともなう弊害はあった。いわゆる公害である。しかしそれは、生産力を抑制しなくでも克服できるものであった。振動、騒音、悪臭等々であった。その後、地下水のくみ上げによる地盤沈下が問題になった。大阪市でも湾岸部の地盤沈下が甚だしかった。JR 大阪駅のプラットフォームに段差ができた。大阪市内の地下水のくみ上げが禁止されたのは 1964 年であった。それらは、特定地域に限定された生産力の諸問題であった。レイチェル・カーソンが「沈黙の春」を出版したのが 1962 年、「小さな生命が失われつつある」など、生命にかかわる視点からの警鐘も登場する。

変わってきたのは 70 年代の初め頃だったと思われる。豊富で低廉だった重油の価格が突如高騰し、オイルショックといわれた。ローマクラブが報告書「成長の限界」を発表したのが 1972 年である。この頃は大気汚染、水質汚濁ということが問題になった。ある程度の生産力の制御が必要になった。1970 年大阪で万国博覧会が開かれて 6400 万を超える参加者でにぎわった後、11 月に東京では「公害国会」が開かれて、大気汚染防止法から悪名高い「経済との調和条項」が削除された。しかしそれは名目だけであった。

1990 年代ごろになると、さらに地球温暖化が問題になってきた。現在の生産力を維持するだけで地球 1.7 個が必要だといわれている。全人類がアメリカ並みの生産力を維持するならば地球 5 個が必要であると [5]。もはや猶予はない。2050 年までに $CO_2$ の排出量を実質ゼロにしないと、気温が 19 世紀後半より 1.5°C 上昇するという。気候変動は大きくなり、種々の災害が多発するようになった。生産力の量と質にまたがる制御は避けられない。

## II - 2　現在の生産力にみる「過剰」と「過少」問題

　生産力とは本来、自然との物質代謝を適切に制御し、人間の生活を良くするものである。現在の生産力は、それにかなうものになっているであろうか。そのすべてが、人類の生活に必要なものだろうか。

　生産力をめぐる「過剰」と「過少」の問題は、複雑に絡み合っていると見られる。「過少」と見られるのは、脱炭素技術など環境問題を制御できていない生産力の問題などである。他方、「過剰」と見られる「生産力」問題も少なくない。

　生産力は必要以上に「暴走」しているように思われる。改善しなければならない点も多々ある。それはどこに現れているか。

　第 1 に、故障が連鎖することに現れている。みずほ銀行の ATM の故障。AU の通信障害。すべての機器が同時に故障する。機械の時代にはそんなことはあり得なかった。これは ICT の特徴であり、その接続が制御されていない弊害である。

　第 2 に、故障が継続しないこと。よくパソコンでもスマホでも、いったん電源を切ってくださいと言われる。そうすると正常になる。先日も冷蔵庫を買ったがうまく冷却できない。メンテナンスを頼むと正常に動いている。結局三度メンテナンスしてもらっても解決せず取り換えてもらった。これも機械の時代には起こらなかったことである。現状の ICT の技術力の低さを現わすものである。これらはいずれ ICT の進歩によって解決されるであろう。しかし、度重なるみずほ銀行の ATM の故障を見ると前途はほど遠い。

第3に、私たち消費者には修繕する権利がないということである。修繕に要する部品は短期間しか保存されていない。無償期間中はメンテナンスしてもらうがそれが終わると修繕を依頼しない。新しい商品を買った方が安くつく。これはおかしいことである。

　なぜそういうことが起こるのか。それは投入した労働の価値だけで商品が交換される商品経済の基本にかかわるものであり、より深刻な問題を抱えている。自然から商品の原材料（資源）を取得する場合、それを取得するための労働の価値は計算に入るが、資源そのものの価値は計算に入らない。資源にもいろいろあり、太陽光や大気は無限と考えていいかもしれない。循環する水も多分そうだろう。しかし鉱物は、例えば石油や石炭は消費してしまえば二度と元に戻らない。それ以外にも元に戻すために多額の費用がかかるものが多い。

　第4に、多くの性能を含む商品だけが製造されている。しかし、消費者は必ずしもすべての性能を求めているわけではない。最近はテレビでも4Kとか8Kが勧められている。しかし、視力の衰えた老人には従来のテレビで充分である。また、大型のテレビを勧められるが、老人ホームに入るときには小型のテレビの方が良い。もちろん、性能の良い大型のテレビを求める人はそれを買えばいいが、全ての人が多くの性能を備えた「高性能」商品を求めるとは限らない。多様な性能の商品が求められる。

　第5に、生産と消費との関係が希薄になったことである。生産と消費とは元来は一体のものであった。生産が生産物に結実され生産手段を所有する人の所有物となり、消費する人は別の人になった。もちろん生産者は消費者の欲求するものを調査し、それに適合したものをより安く生産する。しかし時には、広告宣伝によって消費者の欲求を刺激し掘り起こして、実際には欲求していないものを生産し販売することもあろう。また販売を拡大するために必要以上の浪費を強制することもある。この生産と消費のくい違いをどのように縮小するかということは重要な問題である。先進諸国の食品の残量だけで貧困諸国の食糧不足を解消するのに充分であるといわれている。

　第6に、過剰な包装は要らない。もちろん包装そのものを否定するので

はなく、ロゴマーク等も含めて消費者に商品を正しく認識してもらうことは必要であり、また彩色その他によって消費者に快い感情をもってもらうことも必要である。筆者は人生の大半を衣料品の染色業で過ごしたが、染色は商品の機能を高めるのではなく消費者の感情を快くするものである。それでも衣服を彩色することは人間の長い歴史とともにある。

　そして最後に、「生産力」が地球環境を破壊するほどに巨大になったことである。なぜそうなったのか。人間の欲求が拡大し、地球環境を破壊するほどになったのか。そうではなくて、人間の欲求以上のものが生産されているからである。修繕して使うことが許されない。不必要な性能がついてくる。不必要な欲求を触発する。商品の寿命が短縮される。

　斎藤幸平氏が『人新世の「資本論」』で脱成長を言っているのは、人間の欲求を抑えなければならないと言っているのではなく、現代の資本主義的生産が人間の欲求を歪め、不当に拡大していることを指摘しているのであろう。

　以上、第1から第7までは、生産力の「過剰」（資源の浪費・環境破壊の悪循環）として現れている諸問題であるとともに、その裏面に生産力の「過少」の問題が潜んでいる。それは、生産力を適正に制御し発展させることを求めている。

　最も深刻なのは、軍事技術と軍事兵器の生産と使用にみられる破壊的生産力の問題である。ウクライナ戦争では、それらの最新兵器が大量に動員され、多くの人と環境が破壊される地獄的様相を呈している。またそれと同時に、対立する国々とは経済封鎖をして通常の通商をしないばかりか、中立的立場も許さないというブロック経済化の問題がある。それらは、生産や貿易、研究・技術開発などを阻害し価格の高騰を招くなど、生産力の歪みをより深刻化させる傾向を生んでいる。一刻も早い平和的な解決が切実に求められている。

## Ⅱ-3　生産性の向上で生産力の「暴走」の克服は可能か

　このような生産力の「暴走」と縮小、さらには「破壊的生産力」をどう克服するかが問われている。技術だけでなく、政治、社会、経済にまたが

る取り組みが必要である。

　もちろんそれは現在の生産力の技術的発展によって克服することが可能な側面もある。生産性の向上によって暴走を止めるという考え方がある。生産は最初の段階では生産性を無視して行われる。たとえば最先端の宇宙旅行などもそうである。最初は、コストは無視される。宇宙旅行できる宇宙船が完成すると次はコストのより安い二号船が企画される。

　他の生産物でも、それを製造する労働コストだけではなく、それに使用する原材料を数量的に少なく使用するように改善され、よりコストの低い原材料で製造される。しかし生産物の数量は変わらないか増加する。問題はその数量あるいは性能が人々の生活に必要なものであるかどうかということである。その場合できるだけ故障の少ない、修繕の可能な、不要な性能がついていない、長期に使用できる製品が製造されなければならない。そのうえでの生産性である。生産性の向上だけで生産力の「暴走」を防ぐことはできない。

　その場合に重要なのは、先に述べた原材料を獲得する労働コストだけを計算するのではなく、資源を元通りに修復する費用が計算されなければならない。これが計算に入っていないところに市場経済の致命的な欠陥がある。市場経済の枠組みを超えて、例えば炭素税のような制度的枠組みをつくり上げなければならないと思われる。資源修復のコストも計算に入れられるように工夫する必要がある。ヒトによる制御である。それは市場経済への規制をできるだけ撤廃しようという新自由主義的な方向では不可能である。

## III　生産力と情報の相互関係

### III - 1　情報の役割をどう考えるか

　ICT の時代になって情報の役割が大きくなっている。もちろん ICT の時代になって情報が生まれたわけではない。太古の昔から情報は存在した。石の有用性を認識したことから石器が生まれた。どのような石が石器として有用か。どのように割るとより有用な石器ができるか。これらの知識を

伝達するのは音声の発達で十分であっただろう。それによって石器を発展させ生産力を発展させた。

　農業社会の発展とともに、真東と真西の方向を確定し、春分と秋分の日を確定することが必要になった。これらを確定し伝達するには、たとえば石柱を建てて伝達する必要がある。これらの情報を収集、分析、伝達する手段が絵画その他の象徴物となり、記号、文字となって発展した。これは情報を確定させるうえで大きな力となり生産力の一部でもある。それがさらに大規模に発展しかつその速度が上昇しているのがICT時代の特徴といえよう。

　古代の採集狩猟社会は何千もの別個の部族の分かれ、何千もの異なる言語と文化を持っていた。情報を伝達する能力を獲得することによって、血族以外の大勢の見知らぬ人同士も協力できるようになった。集団を形成することができた。それは遺伝子の突然変異や環境からの圧力を全く必要とせずに、新しい行動を次の世代に伝えていった。

　ユヴァル・ノア・ハラリ氏は言う。ホモ・サピエンスが発見した現実の計り知れない多様性と、そこから生じた行動の多様性はともに私たちが「文化」と呼ぶものの主要な構成要素である。いったん登場した文化は、決して変化と発展をやめなかった。そしてこの止めようのない変化のことを、私たちは「歴史」と呼ぶ。したがって、情報を認知する力―認知力を獲得したことは、歴史が生物学の法則から独立を宣言した時点でもある。しかし、これはホモ・サピエンスと人類の文化が生物学の法則を免れるようになったということではない[6]。

　人間は認知力を持つことによって大きな進歩を遂げた。認知力は生産から導かれるとともにまたそれに反作用することによって、さらに生産力を発展させた。「認知革命」は、ハラリ氏が言われるように、それによって採集狩猟社会が発展しただけではなく、その後も社会の発展と並行して進んだ。形は変わっても農耕牧畜社会や工業社会の発展にも貢献したし、さらには今後のICT社会の発展にも大きな貢献をするであろう。

　情報とは何か。それは自然を離れては存在し得ない。それは自然の性質と量に対する人間の認識である。人間は自然を認識することによってはじ

めてそれを有用なものとして利用することができる。もちろん認識したからといって利用できるとは限らない。むしろ利用できない場合のほうが多いかもしれない。しかし認識せずに利用することはできない。また認識も段階を追い、より高次になることによってより有用なものになる。つまり認識を系統化し理論化することである。言葉、文字、コンピュータ・プログラムがそれぞれの段階の手段である。

いま私たちの多くは、プログラムされたデータを利用しているだけである。これは文字でいうとそれが読めているだけである。しかもそのごく一部分を。プログラミングができなければ文字が書けるとは言えない。ようやく小学校でプログラミングの授業が始まったとか。まだその段階である。

人間が自然に情報を与えて有用化するのではない。人間が自然のなかに存在する情報を引き出して、その自然の有用性を固定化するのである。労働の本質とはそういうことである。

十名直喜氏は情報について次のように言われている。

「情報とは、そもそも何か。『情報』とは、『ものごとの内容や事情についての知らせ』のことである。文字・数字などの記号やシンボルの媒体によって伝達される。受け手において、状況に対する知識をもたらしたり、適切な判断を助けたりするもののことである」[7]。

## III - 2　情報の役割の拡大で生産力はどうなるか

情報の役割の拡大によって、生産力の「暴走」を克服することができるか。近年、モノの生産に投入される労働の量と情報の生産に投入される労働の量が変化している。前者の比率が減少し後者の比率が増加している。ソフトウェアの生産はモノの生産における労働の量を縮小するであろうが、それによってモノの生産が縮小するわけではない。ICT化したからといって自動車の生産台数が減少するわけではない。むしろ増加するであろう。他の商品についても同様である。情報の役割の拡大だけでは生産力の「暴走」は克服できない。

情報のウエイトが高くなると、モノの生産だけでなくその販売にもかかわってくる。生産と消費をより密接に結びつけることが可能になる。近年、

プラットフォーム企業といわれているものが力を入れているのがこれである。情報を生産者または販売者が掌握すると、生産されたものをいかに消費者に販売するかに貢献する。さまざまな情報自身が収集、分析、伝達されて一つの独自な価値を持つようになった。情報自身が売買される可能性が多くなった。この結果、逆に生産力の「暴走」を招く可能性も増大する。

　一方、情報の役割の増大は、生産を消費と結びつけ生産力を制御する可能性も増大させる。先に生産力の「暴走」で述べた第1から第7の状況を克服する可能性は増大する。情報を消費者が直接掌握するようになれば、消費者は欲求するものを多くの生産されたものから選ぶ、あるいは欲求するものが生産されるようになる。それにはさらに多くの情報が消費者のもとに収集・分析・伝達される必要があるが、その可能性は既に存在していると思われる。それをどう実現するか。

　情報の生産物は所有になじまない。誰でも無償で複製できる。したがって最初の生産物にいかにコストがかかってもそれが大量に複製されるならば、その価値は限りなくゼロに近づく。特許権、著作権等々疑似的な所有権を形成することはできるが、情報生産物が価値を生むこととは別である。科学の進歩は無償であり、それによってモノの値段が上がるわけではない。

　無償で複製できるということは、一方では大量に生産して利潤を拡大しようという誘惑を生むと同時に、他方では需要に合わせて生産を縮小しても損害は発生しないという構造を生む。情報の役割の拡大によって単純に生産力の「暴走」が克服されるとは言えないが、生産力をよりよく制御して発展させる可能性が生まれる。

　生産力を制御するということは、生産力を発展させないということではない。生産力の発展を、地球環境を破壊しない範囲にとどめ、より人類の欲求に沿うように発展させることである。その可能性がICTの発展とともに増大する。

## Ⅳ　おわりに―新しい技術の可能性と市場経済の制御

　ICTは素晴らしい技術である。それは基本的に情報を収集・分析・伝

達する技術である。それによって生産物が生産されるのは、ICT のシステムのなかに、機械時代の工学的技術や化学的技術等々が結合されているからである。機械のなかに道具が組み込まれているのと同様である。機械時代の工学的技術、化学的技術は、いずれも量的拡大と速度の上昇がコストを引き下げ利潤の拡大になるという側面を有していた。それによって生産力は飛躍的に拡大した。いまやそれが限界に達しているのである。ICT もたんに古い技術と結合するだけではそれを免れることはできない。

ICT はたんに情報分析の技術であるだけでなく、他の技術の改善にも大いに寄与することができる。21 世紀になってバイオテクノロジーが急速に進歩している。それには ICT の進歩が貢献している。バイオテクノロジーは、それまでの技術のように量的拡大と速度の上昇にコストダウンを求めるのではなく、その原材料のなかに潜む制御力の利用によって予想外の効用を生む可能性が高い。なぜなら生物（一部は非生物であるウイルスを含む）を原材料とするこのテクノロジーは、その原材料のうちに自律的変化が含まれているからである。ここに新しい可能性に期待したい。他の技術においても ICT による新しい発展の可能性を期待してもよいのではないか。

新しい技術は、一方では生産力の新たな可能性を切り拓くが、他方では生産力のさらなる「暴走」の手段となるリスクも高める。「技術は、生産力の一構成要素である。生産力は、労働力、労働手段、組織、科学、技術、市場など多様な要素から成り立っている。それらを制御する人および組織によって、生産力は現実化し、社会的生産力となる」[8]。

「生産力」の暴走を止めるには、何らかの形で市場経済を制御する必要がある。それは生産力をその本来の形に戻すことである。人間によるモノとシステムのコントロールである。その可能性は、ICT などの技術を生かす人間と社会の良心と創意にかかっている。

# 第2章　生産力への人類史的まなざし

＜目次＞
Ⅰ　はじめに―人間の生産活動への歴史的視座
Ⅱ　人類の進化と生命維持活動の発展
　Ⅱ-1　人類史をさかのぼる
　Ⅱ-2　気候大変動の中の人類の進化
　Ⅱ-3　生物的進化と社会的進化
Ⅲ　認知力と採集狩猟社会の成立
　Ⅲ-1　「認知革命」とは何か
　Ⅲ-2　言葉の進歩と採集狩猟社会の発展
Ⅳ　定住生活と農耕牧畜社会の成立
　Ⅳ-1　「定住革命」とは何か－定住生活への移行とその歴史的インパクト
　Ⅳ-2　文字の発明と農耕牧畜社会の成立
　Ⅳ-3　人間の生産力とその生産物
Ⅴ　おわりに―認知力による管理体制の確立

## Ⅰ　はじめに―人間の生産活動への歴史的視座

　生産力とは何か。それはどのように発展してきたか。いろいろな議論がある。それを長い人類の歴史なかでの生産力の発展という視点で考察したいというのが本章の趣旨である。

　この間、筆者として考察を前進させたのは以下の諸点である。

　第1に、人間の生産活動はその生命維持活動から出発している。しかし、生産活動は生命維持活動と同じではない。人類の生命維持活動は消費と生産を一体化したものとして出発した。人類はその歴史の中で生物としての生命維持活動の一部を生産活動へと発展させた。

　人間の生産活動はその発展とともに、本来の目的である生命維持活動から逸脱するようになった。原始共同体が崩壊するとともに共同体内に支配者又は支配者家族が出現し、生産力を支配者又は支配者家族の欲望充足に利用するようになった。それでも人間の欲望には限度があったが、資本主

義社会になるとそれが利潤の追求に発展した。これには限度がない。

　生産活動は生命維持活動から利潤獲得活動に転化し、必ずしも生命の維持発展にかかわるものだけでなくなった。利潤が獲得されるものであれば、生命の維持発展にかかわらないものだけでなくむしろそれに反するものさえも生産活動として行われるようになった。これが現代において、生産力を制御しなければならない理由である。

　第2に、人間の生産活動の中で、情報が大きな役割を果たした。それは、人間が情報を認知する能力、すなわち自然や社会について情報を収集・分析・伝達する人間の能力、を発展させたことによってはじめて可能になったものである。

　それは、具体的な物体の存在を認識するだけではない。目には見えない抽象的な存在とともに存在と存在との関係を認識することである。認知力なくして社会を形成することはできないし、生産力を発展させることや生産力を制御することもできない。

　第3に、採集狩猟時代の後期に成立した定住生活の意義の重要性である。これは生産様式そのものを直接変革するものではないが、言葉を発達させ人類の協力を促進し社会を成立させた。さらに、文字を生み出し管理体制を確立した。定住生活は、たんに人間が一定の地域で生活することだけではない。一定の地域に協同して生活し生産力を発展させることである。人間は定住生活をして社会を形成し、それによって農耕牧畜社会だけでなくその後の工業社会をはじめとする巨大な生産力を発展させることができたのである。

　人間の生産活動は、採集狩猟社会、農耕牧畜社会、工業社会を経てきた。いま ICT 社会を迎えている。そのなかで生産力は巨大な発展を遂げた。それをとりあえず農耕牧畜社会まで追ってみたい。

## II　人類の進化と生命維持活動の発展

### II - 1　人類史をさかのぼる

　19世紀の中ごろまでは、人類の歴史は文字に書かれた歴史であった。

先史時代・先史学という言葉が広く使われるようになるのは、ダーウィンの名著『種の起源』が出版され人類に起源のあることが認められた1859年以降のことである[9]。

　1947年、放射性炭素測定法が確立し、1953年、細胞核のDNAの二重らせん構造が発見された。これによって人類史の研究には大きな可能性が開かれた。さらに最近では、そのDNAを解析する技術が急速に進歩した。メタゲノム解析という全く新しいアプローチで、皮膚や腸管の中にある微生物叢からDNAやRNAなどの核酸を丸ごと抽出して、次世代シーケンサーと呼ばれる高性能の機械―塩基配列決定装置で読み取るのである。さまざまな生物種のゲノムが混在した核酸をいったんばらばらにして、後からコンピュータの力でつなぎ合わせるという斬新な手法である[10]。これによって、古代DNA解析に基づいた人類の成り立ちに関する研究が急速に進んでいる[11]。DNAに基づく人類史は、生物的進化の人類史である。社会的進化の人類史研究はそれに基づいてさらに深められる。

　約700万年前、初期人類は直立二足歩行をしてチンパンジーとの共通の祖先から分かれた。足の能力の低下、移動速度の低下にもかかわらず、人類が生き残れたのは、手の能力の進歩のおかげである。右手と左手を別々に使うことが可能になった。能動態と受動態の区別である。また、親指が他の四指に対してより重要な役割を果たすようになった。これによって石器の開発が可能になった。

　人類は唯一「裸のサル」である。裸であることは身を守るうえで不利であるが、なぜ人類は裸なのか。皮膚はたんに人体と外部を隔てる皮ではない。それ自身一つの臓器である。これも先のシーケンサーによって解析が進んだ。生物は単細胞生物の時代から細胞膜によって外部から遮断され細胞膜を通じて外部からの情報を取得していた。そこから触角をはじめ諸感覚器官、眼、耳、鼻、舌が発達した。

　人類は約120万年前に皮膚から体毛を失ったと考えられている。臓器としての皮膚は二つの機能をもっている。防御機能と交換機能である。外部環境から人体を防御するには体毛は確かに有利である。しかし、外部環境と情報を交換するには逆に不利である。われわれの祖先は防御機能を犠牲

にしてでも交換機能を重視し、皮膚から外部の諸情報を取り入れた。

　感知された情報は、意識されないものも多い。知覚されない脳の無意識の記憶領域に、環境から情報が蓄積された。人間には大きな脳がある。それは表皮感覚が体毛の喪失で多様な機能を持つようになってからさらに大きくなった。瞬時の情報処理は表皮とせいぜい脊髄でなされ、脳にもたらされた情報のあるものが記憶として保存される。

　人間の大きな脳の重要な機能はそこで自由に編集された仮説を創成することである。これは人間独自の機能である。仮説はやがて現実の世界と照合され食い違いがあれば修正される。言語を獲得した人間は、個体が獲得した情報、そこから得られた仮説を個体の世代を超えて継承できる。その情報は個体の生きている時間・空間から自由になる[12]。

　直立二足歩行と体毛の喪失という一面では不利と思われる変化が、やがて人類に道具の発明と認知力の獲得をもたらし、人類の生命維持活動を進歩させその後の巨大な生産力の発展につながった。

## II - 2　気候大変動の中の人類の進化

　初期人類は多くの人類種に分かれていた。190-150万年前になると、体形や大きさが私たちに近い化石が発見されるようになる。いわゆる原人と呼ばれるグループである。これらを総称してホモ・エレクトスと呼んでいる。彼らは約200万年前にアフリカで誕生し、ほどなくして他の地域に拡散した。ホモ・エレクトスは、最初に出アフリカを成し遂げた人類である。

　その後、ホモ・ハイデルベルゲンシスがアフリカで誕生し、その中でヨーロッパに渡ったグループから約30万年前いわゆるネアンデルタール人が生まれ、アフリカに残ったグループのなかから約20万年前に私たちホモ・サピエンスが誕生した。ネアンデルタール人もホモ・ハイデルベルゲンシスと同様に旧人と呼ばれ、新人である私たちホモ・サピエンスとは区別される[13]。

　約7万年前ホモ・サピエンスがアフリカ大陸の外へ拡がった。約3万年前ネアンデルタール人が絶滅した。約1万3000年前他の人類種も絶滅し、ホモ・サピエンスが唯一生き残った人類種となった[14]。

第 1 部

　われわれ人類が生存した環境は決して平穏であったわけではない。更新世には氷河時代が続いた。しかし地球上のすべての地域が常に氷河であったわけではない。人類は灼熱と氷結、豪雨と乾燥のなか食料を求めて移動しながら生き延びた。当時も現代と同様、気候は年ごとに、世紀ごとに、温暖な時期と寒冷な時期が繰り返されていた。動植物の個体数は気候の変動とともに上下し、温暖な時代には増え、寒冷な時代には減少した。

　人類化への動きがアフリカの熱帯森林で始まった後、人類は文明以前に地球上の他の地域へとその分布を拡大してきた。ユーラシアの中緯度地帯まで進出したのはおよそ 50 万年前の、北京原人のころである。さらにユーラシア大陸だけでなく当時陸続きであったベーリング海峡を渡って南北アメリカ大陸にまで進出した。数万年前の旧石器時代には北方の極北地帯にまで分布を広げた。

　自由に採集狩猟できる食料は有限である。中緯度環境でさえ、熱帯で生まれた採集狩猟民にとっては、簡単に出かけられない厳しい環境であった。しかし、分布を拡大しなければそれ以上の人類の繁殖は不可能であった。この分布の拡大こそ、文明以前の人類が達成した偉大な事業である。この新しい環境に適応することによって、人類はその認知能力を発達させ生産力を発達させることができた。

　針と糸、この小さな道具が、極寒の環境の中で生き延びる人間の能力に大変革をもたらした。それぞれの体形に合った衣服をつくるだけでなく、複数の動物の毛皮を組み合わせることも可能になった [15]。素晴らしい適応能力である。しかし同時にこの間これに適応できなかった多くの人類種が生き残れず滅びたことも忘れてはならない。

　約 1 万 1700 年前氷河時代が終わり、やっと気候が相対的に安定してきた。それとともに農耕牧畜時代が始まった。だから現代の繁栄は気候の相対的安定がもたらしたものかもしれない。

## II - 3　生物的進化と社会的進化

　進化には二つの進化が考えられる。一つは生物的進化であり、他の一つは社会的進化である。もちろんこの二つは切り離されて考察されるべきも

のではなく共進過程としてとらえるべきである。また当然生物的進化がその過程の基礎になる。生物的進化は遺伝子情報に基づく進化である。これにたいして社会的進化は意識的情報に基づく進化である。

　人類の協同生活はより急速に進んだため、協力のための本能が進化するのには速すぎた。自然と闘って食物を獲得するために人類には協力が必要であった。それは遺伝子情報に基づく協力ではなく、人間が認知力によって自然と社会を認識した意識的情報に基づいて行われた。その強力な手段になったのが言葉であり、文字であり、現代においてはコンピュータ・プログラムである。

　人類の進化はすべて肯定的な側面ばかりではない。必ず否定的な側面もある。これを横田幸子氏は「人類進化の傷跡」と表現している。まことに至当な表現である。直立二足歩行は産道を垂直にすることによって流早産を惹起しやすいという危機をもたらした。また脳容量の増大は難産をもたらした。これらは女性の自立出産不可能な未熟児出産を惹起し、出産後の育児負担を増大させた[16]。

　われわれは、2 kg以下くらいの出産を未熟児出産といっているが、よく考えてみると人類の出産は3 kgでも未熟児出産である。母乳を吸うことはできるが歩くこともしゃべることもできない。それには約1年かかる。自分で食物を獲得するにはさらに時間がかかる。現代では、生活に必要なものを稼ぐには10数年がかかる。人間発達にとって必要な能力を獲得するには25年かかるともいわれている。

　出産と子育ての困難は人類独自のものである。それを克服するために父親や祖父母を中心とした家族の協力が必要になった。たんに子孫を残すための生物的な家族ではなく、社会的な家族の誕生である。生物的進化の限界による生存の危機を、社会的進化が補うことによって出産育児が保障され、両進化の共進により人類の進化が保障されてきたのである。以後人類は社会的な条件の発展に応じて様々な家族制度を形成してきた。

第1部

# III　認知力と採集狩猟社会の成立

## III‑1　「認知革命」とは何か

　ここで Y.N. ハラリ（2011）の「認知革命」を取り上げよう。

　認知力の発展は、言語の進歩と深くかかわっている。言語は物体と深く結びついている。しかし必ずしも一対一で対応しているわけではない。物体には種々の側面がある。言語はその一つの側面と結びついている。同時に他の物体の同じ側面とも結びついている。それによって言語は成立しているのである。

　物体は具体的な存在である。物体の諸側面は現実に存在するが、目に見える具体的な側面と同時に目には見えない抽象的な側面もある。私は具体的な存在であると同時に抽象的な側面もある。貴方も同様である。「わたし」「あなた」「わたしとあなた」と言語で表現しても、私、貴方、私と貴方のすべての側面を表現できるものではない。私と貴方の間の「われわれ」という関係は具体的な存在ではない。それらは存在しはするが、目には見えない抽象的な存在である。これらを指し示す「言語」は、具体性のある言語ではない。抽象的な言語である。言語は、具体的な存在を指し示すと同時に抽象的な側面も指し示す。

　ハラリ氏は「認知革命」を唱えられる。ハラリ氏のいうもっとも広く信じられている説によれば、たまたま遺伝子の突然変異が起こり、サピエンスの脳内の配線が変わり、それまでにない形で考えたり、まったく新しい種類の言語を使って意思疎通をしたりすることが可能になったのである。そして虚構、すなわち架空の事物について語るこの能力こそがサピエンスの言語の特徴として異彩を放っているという [17]。

　ハラリ氏の指摘は素晴らしいと思う。しかし、それは想像上の問題ではなく現実社会の問題である。新しい言語は、架空の事物について語るものではなく、現実の事物に潜む情報を収集・分析してより高次化された情報を伝達する能力（認知力）を獲得したということである。ハラリ氏は言う。約 7 万年前、虚構の言語が出現する。ホモ・サピエンスが、虚構、すなわち架空の事物について語る言語能力を獲得した。認知革命の結果、サピ

エンスは噂話の助けを得て、より大きくて安定した集団を形成した。他の動物の行動は、遺伝子によっておおむね決まっている。それとは対照的に、サピエンスは認知革命以降、自らの振る舞いを素早く変えられるようになり、遺伝子や環境の変化を全く必要とせずに、新しい行動を後の世代に伝えていった[18]。

　しかしこれは決して「虚構の言語」ではない。「架空の事物について語る言語能力」ではない。精霊や神仏等は、抽象的なものが転倒した形で表現されたものと考えられる。人と人との関係が人と神との関係に置き換えられたものである。人間は、抽象的な、形には表されない事物を「言語」で表示し、モノとモノ、モノと人、人と人との関係を「言語」で認識してはじめて集団として協同行動をすることができる。人間が、そのような「言語能力」を獲得したということである。ハラリ氏は、これを「認知革命」とみなした。

　最初はモノを指示する名詞が、次いで行動を求める他動詞が、さらに抽象的で形には表されないものにたいする形容詞等々が現れ次第に文節を形成していく。協同行動をするための言葉が発展した。「認知革命」によって、人類は社会を形成することができ、たとえば追い込み猟とか漁撈活動とかが可能になった。

　ハラリ氏の「認知革命」論は、素晴らしい見識である。ただそれを「虚構」あるいは「架空」といわれると疑問を感じざるを得ない。具体と抽象と考えた方がよいのではないか。ハラリ氏も第2部の農業革命から第4部の科学革命において「認知革命」による現実の大きな変革を充分に展開している。「認知革命」は採集狩猟を生産活動に発展させただけではなく、その後の農耕牧畜社会、工業社会さらにはICT社会の発展にも寄与しているのである。

　農耕牧畜社会以前の採集狩猟による生命維持活動は生産といえるかという問題がある。口だけで、あるいは口と手を使って行う採食は生産ではない。人類はその誕生の時から植物を採集し小動物を捕らえて食料としてきた。それが道具を用い言葉で交流することによって認知力を獲得し、意識的で社会的な生命維持活動に発展したのが採集狩猟社会である。採集狩猟

第1部

社会においてはじめて生命維持活動は生産活動に発展したといえる。

## Ⅲ‑2　言葉の進歩と採集狩猟社会の発展

　採集狩猟の発展には意思を伝える言葉の発達が重要な役割を果たした。音声の歴史は古い。進化した脊椎動物のほとんどは音声を発する。人類には理解できないにしても、その多くは意味を持っている。鳥類でも危険物を知らせるときは、その種類によって音声を変えることが知られている。おそらく人類はその誕生の時からある程度の音声は発していたものと思われる。彼らは身体行動を伴ってなされる挨拶行動や融和行動によってまずは互いの緊張を緩和し、親和的であることを確認する。音声によってそれは深まる。

　音声信号はもともと、ヒトや動物の声や物音を模した擬音語から出発した。「ワンワン」とか「カアカア」である。さらに擬態語に発展した。「キラキラ」「ホカホカ」である[19]。われわれが持っている音声信号は、いまでもそのまま残っていて、依然としてその重要な役割を果たしている。それらはわれわれが建設した言語の摩天楼の音声的な基礎をなしている。

　しかし、言葉の発達はやはり独自なものであり、その基礎は脳の発達に基づく。人間の子供は5才になると2100語をマスターする。チンパンジーは、根気よく訓練しても6才になって7語を超えなかった。オウム類は、たんに教えられた音の複雑な連なりを、外界の出来事とは何の関連づけもなく、固定した順序で機械的に繰り返すだけである[20]。

　人類は、おそらく約4万年前までに言葉を獲得した。そして遺伝子による制約から離れて進化する初めての生物になった。言葉と文字は、距離と時間を越えて、個々の人間が経験から得られた情報を多くの人間が短時間の間に共有することを可能にした。それは同時に人間同士の助け合い、つながり、絆を強くした[21]。

# Ⅳ　定住生活と農耕牧畜社会の成立

## Ⅳ‐1　「定住革命」とは何か

　西田正規（2007）は「定住革命」論を唱えている。中緯度森林帯における、遊動民から定住民、そして定住民から農耕民にいたる歴史的過程のどちらがより重要な意味を含んでいるのか。西田氏は、採集か農耕かというよりも遊動か定住かということの方が、より重要な意味を含んだ人類史的過程と考え、生産様式を重視する「食料生産革命」論に対して生活様式を重視する「定住革命」論の視点を提唱した[22]。

　この「定住革命」を重視することは、西田氏の言うように、生産様式よりも生活様式を重視することではない。「定住革命」が社会生活を安定させ、そのなかで生産様式が発展したことを重視するということである。定住生活は社会生活を安定させるが、それによって運搬能力や移動能力などが低下するわけではない。生産物の貯蔵を可能にし、生産設備の固定を可能にすることによって、生産力は発展した。したがって、農耕牧畜社会成立以後も定住社会が放棄されることはなかった。定住生活は人類がその生産力を発展させるための基礎となった。

　以下、西田正規（2007）によって考察する。採集狩猟社会は遊動社会であり、農耕牧畜社会が定住社会であると単純に結びつける考え方があるがこれは誤りである。採集狩猟社会の末期には定住社会があった。定住社会の存在なしにいきなり農耕社会が生まれるはずはない。定住生活が出現する背景に、氷河期から後氷期にかけて起こった気候変動と、それに伴う動植物環境の大きな変化が重要な要因となったことは、定住生活がこの時期の中緯度地域に、ほぼ時を合わせたかのように出現していることからも明らかである。

　獣類の分布は、低緯度、中緯度、高緯度とも年間を通じてあまり変わらない。しかし、植物の分布は低緯度では年間を通じて変わらないが、中緯度では秋に資源量が最大になり冬は極端に縮小する。高緯度では年間を通じて資源量は少ない。魚類の分布は、やはり低緯度では年間を通じて変わらないが、中緯度では秋に資源量が拡大する。高緯度では秋に資源量が拡

大するが、冬にはほとんどなくなる。

　中高緯度に進出した人類は、従来のように年間を通じて同じように採集狩猟していては資源量の少ない時期には必要な食料を確保することができなくなった。資源量の多い時に集中して働き多くの食料を収穫し保存することが必要になった。植物や魚類を資源量の多い時に集中して収穫する技術が発達した。

　人類が定住するについて、採集から栽培への移行が強調されるが、栽培は、定住することによって変化する人間と植物の生態学的関係を経て生じたものと考えられる。栽培は定住生活の結果ではあっても、原因ではない。初期の定住民は、農耕民ではなく、日本における縄文文化がそうであったように、採集と狩猟、漁撈を生業活動の基盤に置いた非農耕定住民であった。植物栽培の出現は、人間が定住したことによってほぼ自動的に派生した意外でしかも人類史上きわめて重要な現象であった。人類が植物の栽培や家畜の飼育を始めたとしても、それまでの採集や狩猟、漁撈活動が放棄されたわけではない。

　人類が獲得してきた肉体的、心理的、社会的能力や行動様式は遊動生活にこそ適したものであった。定住化の過程はその能力や行動様式のすべてを定住生活に向けて再編成した革命的な出来事であったと評価しなければならない。

　人類は、長年の遊動生活から定住生活の移るにあたっては多くの問題に直面した。定住生活の維持には、集落の近くに年中使える水場があり、必要な薪が採集でき、そして、そう遠くない範囲で必要な食料のほとんどが調達できなくてはならない。その範囲は、資源の密度、獲得の技術、人の運搬能力や移動能力などがかかわる。

　それだけではない。日常生活で最も大きな問題は、ゴミや排せつ物の蓄積による環境汚染である。定住生活者はこれを、清掃したり、ゴミ捨て場や便所を設置したりするなどして防がなくてはならない。数百万年の歴史を遊動生活者として生きてきた人類にとって、このような行動を身に着けることは決して容易なことではなかった。

　そのほか集団で一定地域に生活するためには、社会的緊張を解消する祭

りなどいろいろな慣習・制度が必要になる。弱者を保護し死者を弔う慣習・制度も必要になる。このような観念的な側面も含めて進化することによって定住生活は定着したのである。定住民は、これらの慣習・制度を用意することによって彼らの住む心理的空間を拡大し、複雑化し、その感覚や脳を活性化させ、認知力を発展させてきたといえよう。

## IV - 2　文字の発明と農耕牧畜社会の成立

　1万年ほど前にすべてが一変した。ホモ・サピエンスがいくつかの動植物種の生命を操作し始めた。農耕牧畜時代の到来である。ほとんどの動植物種は家畜化や栽培化が困難である。牧畜や農耕に適したものは限られていた。農耕に適した穀類の食事は消化しにくく歯や胃に悪かった。火を使った料理が発達した。

　火の使用の歴史は古い。その便利さと危険はすぐに明らかになったことであろう。火を点ければ暖かくなるし、夜は明るくなり、肉食動物から身を守ることができる。また調理に利用したり衣服を乾かしたりすることができる。最初は、自然に発生した火を見つけて移し、絶やさないようにすることであった。さらに、摩擦法や打撃法によって火をおこす技術が見いだされた。これらの技術は言葉の発達なくしては次世代に伝えられなかったであろう。

　定住社会の専用設備で重要なものの一つが「かまど」である。かまどは、火の使用が一段と進歩したことを意味している。料理における火の使用が間接的になった。より高度な料理ができるようになった。この新たな設備は、新たな道具の誕生と結びついている。人類が粘土に関与して陶磁器を作り始めたのである。土器の製作は、ほとんどの定住社会でみられるが移動社会ではまず見られない[23]。

　人々は農耕牧畜時代には常時定住せざるを得なくなった。農耕生産が人類史に果たした役割は、定住生活を生み出したことではなく、中緯度森林の定住民の段階では見られないさらに高い人口密度や、より大きな集落や都市、より複雑な社会経済組織などの形成でこそ評価される。

　ハラリ氏は、歴史の大半を通じて、経済の規模は同じままだったという。

世界全体の生産量は増えたものの、大部分が人口の増加と新たな土地の開拓によるもので、一人当たりの生産量はほとんど変化しなかった[24]。しかし人口が増加することは生産量の増加の結果であって、その逆ではない。農耕牧畜社会では、生産量の大半は食料であるから一人当たりの生産量は増えないが、工業社会になると、食料以外に住宅や衣料その他の生活用品あるいはそれらを生産する生産手段の生産が増加するため一人当たりの生産量も増加したのである。

　農耕牧畜社会の成立にも、情報は大きな役割を果たした。言葉による情報の伝達には限度がある。農耕牧畜社会はより経験の蓄積が必要である。
①　人間の脳の容量には限度がある。
②　人間はいずれ死亡しそれとともに脳も死ぬ。
③　人間の脳は一定の限度の情報だけを収集、分析、伝達するよう適応してきた。
　情報は個人間の限度を超えて広く伝達されなければならない。また時間を超えて保存されなければならない。それを可能にしたのが記号・文字の発明である。

　文字はまず、言語の主要な部分のみを記録する不完全な記録体系として発明された。シュメールの楔形文字、アンデスのキープ（結縄）がそうである。数字とか各種記号もこれに属する。音楽の記譜法もそうである。その中でも数字・記号は極めて優れた記録体系である。それによって多くの事象が抽象化される。数学は独自の発展を遂げた。相対性理論のような複雑な理論も簡単な記号によって表現される。コンピュータでは0と1との二進法によって、無数の事象が記録される。

　文字は言語を完全に記録する記録体系に進化した。漢字をはじめとする表意文字、ローマ字をはじめとする表音文字である。これによって多くの事象が完全な形で記録されるようになった。

## IV‑3　人間の生産力とその生産物

　ここでもう一度生産とは何かを振り返ってみよう。
　人間は生産するためには、まず第1に、自然に働きかけなければならな

い。人間は自然の恩恵がなければ一日といえども生きていくことはできない。太陽光や大気や水のように自然の恩恵をそのまま受容することが可能な場合もあるが、多くは何らかの形で自然に働きかける必要がある。

第2に、自然を人間に有用なものにするには、それを造りかえる必要がある。この場合、自然をただたんに人間の五感でとらえるだけではいけない。どのような植物の種が、発芽し成長し有益な食物となるかなど、自然の性質についてより深い考察が必要になる。

第3に、自然を人間のために利用するには、人間はその能力を発展させなければならない。自然の性質を分析し、それを有効に利用する方法・手段を考え出さなければならない。

このようにして生産されたものが生産物であり、生産物をつくりだす人間の能力が生産力である。それはただ個人として労働する人間の能力ではなく、集団として社会として生産する人間の能力である。

生産、生産力、生産物の関係は、目的、能力・手段、結果の関係として捉えることができる。「生産力」とは、社会が存立するための人間の活動力のことである。生産力は労働力と生産手段から、生産手段は労働手段と労働対象から、構成される。労働手段は、生産技術の発達水準に規定され、労働対象は、資源から材料・部品に及び、資源の賦存状況や探査・採掘技術、材料・部品の生産技術などに規定される。生産力は、労働力および生産手段の質と量によって、さらに各生産要素の社会的編成（組織と経営）によって規定され、社会的生産力となる[25]。

生産活動が発展するとともに、それは生産物として結実するようになり生産と消費が分離するようになった。資本主義的生産様式のもとでは、生産は商品の生産となる。生産力が発達するということは、財貨を生産する能力が発達することである。しかし歴史貫通的には、生産とはたんに財貨を生産することではなく、人間の生活、物質的な生活とそれに支えられた精神的生活を社会的に生産することである。したがって社会的生産の発展とは、たんに生産された財貨が増えることではなく、人間の生活が豊かになることである[26]。生産力を制御することはこの歴史貫通的な原則に立ち返ることである。

53

# Ⅴ おわりに―認知力による管理体制の確立

　認知力を、物質や身体と対立する概念だと考えるのは誤りである。認知力は脳内の思考のみを指すものではない。何よりも人間の脳こそ最高に発展した物質である。その脳と自然および他の人間との相互作用が生み出したものが認知力である。認知力を進歩させ、多くの情報を収集、分析、伝達することは、物質とエネルギーを人間のために利用する能力――生産力を発展させる。それは同時に生産を管理する能力を生み出す。さらに人間の行動をも管理する。

　認知力の進歩は、すべての時代すべての社会にとって極めて重要な要素である。それが固定化されると制度となる。制度のなかには、行動を規制するものもあるが、行動そのものを生み出す可能性のある制度もある[27]。認知力の進歩による管理体制の発展は、生産力の発展段階を表現するものでもある。文字の発明なくしては、それは不可能であった。社会の管理体制が確立されるとともにそれは人間の人間にたいする支配体制に発展した。それと同時にその体制を支えるイデオロギーも生み出された。

　現在の ICT 社会では、管理体制はコンピュータ・プログラムで表現されている。AI の開発によってさらに飛躍しようとしている。一方、それが支配体制を強化することによってさまざまな問題も生じる。どのような問題があるのか、それをどのように解決するべきかについては、第 3 部で論じる。

# 第 3 章　生産力の発展と技術、市場

<目次>
Ⅰ　はじめに─生産力発展における技術と市場の役割
Ⅱ　第 2 次世界大戦後の日本経済の変遷と生産力発展の新しい段階
　Ⅱ-1　高度成長の時期
　Ⅱ-2　消費主義の登場
　Ⅱ-3　ICT の発展
Ⅲ　ICT は技術と市場をどう変えたか
　Ⅲ-1　ICT はモノの生産に何をもたらしたか
　Ⅲ-2　ICT は市場に何をもたらしたか
Ⅳ　消費者の欲求に反応する労働の役割
　Ⅳ-1　労働過程における情報
　Ⅳ-2　市場における情報
Ⅴ　おわりに─消費者の享受能力と供給者の労働能力


## Ⅰ　はじめに─生産力発展における技術と市場の役割

　生産力とは、社会が存立するための人間の意識的な活動力のことである。それは自然から情報を収集・分析し自然を人間の生活に有用なものに改変する。その手段・方法あるいはその体系が技術である。その中心に位置するのは労働手段であって生産物そのものではない[28]。

　このような生産力の発展の客体が地域であり、それは生産物を交換するようになって市場となる。市場では生産物の交換比率が競われ、それは実質的には技術力の高さが競われることになる。市場は時代を追って拡大している。

　「成長なくして分配なし」と言われている。また、「分配なくして成長なし」という意見もある。「成長」というのは何の成長なのか。その中心は生産力の発展である。筆者は、消費財製造（衣料品の染色業）の業界に長くいたので、需要と供給、消費と生産の関係でいうと、どちらかといえば、

需要・消費の方に関心があって供給・生産の方にはあまり関心がなかった。これはどちらも重要であり、双方のわたる議論がなされなければならない。

1980年代になって高度経済成長の行き詰まりとともに、情報化社会とか高度情報社会の到来が論じられるようになった。1988年7月には、基礎研の機関誌『経済科学通信』56号に、「『情報化社会』は中小企業になにをもたらすか」という論文を書いた。その副題は「生産の短サイクル化と労働の不安定化」であった。この論文は深い研究の結果というよりも、長時間労働をする農村からの出稼ぎ労働者の減少と短時間パート労働者の増加という眼前の事実を指摘したものであったが、その後の非正規労働者の増加の状況から見ても的確な指摘であったと自負している。このときの副題は本質をついていたと思う。

情報問題についてのより深い研究は、その後1991年10月竜谷大の重本直利氏から「情報問題研究会」へのお誘いを受けた頃からである。この研究会にはそれ以前にも参加したことがあって、その時は技術一般の問題が議論されていた。当時は、技術の問題というのは大企業が関わる問題であって中小企業には関係のない問題であると考えていたがそうではないということに気づかされた。その後、関心は2009年頃まで細々と続いたが2006年に企業を退職したこともあり関心は途絶えてしまっていた。その間に、情報化の方は急速に進み、いまやICT時代といわれるようになった。

そのような時に、平松民平氏の「ICT論」に出会って興味を覚えた。2018年8月25日基礎研創立50周年記念の第41回研究大会における「情報・NET革命下の生産力の現段階と労働の変化」という報告である。「情報革命の評価。物質代謝と非物質代謝。非物質代謝も最終的には物質代謝と結びつかなければならないのではないか。その技術は素晴らしいにしても最近のICT機器は人間を幸福にするのか。高度成長時代の三種の神器・3Cと比較しても」と感想を書いている。これは今も変わらない感想ではあるが、衝撃を受けた理論であったことは間違いない。

平松氏とは、その後論文を送ってもらいメールを通じて質問もして参考文献等を含めいろいろ教えてもらっている関係である。さらに働学研に共に参加するようになり、そこでの「ICT論」「生産力論」の議論に触発されて、

及ばずながら議論に参加しようと思った次第である。

マルクスにあっては、生産力は生産関係との対概念であると思う。生産力概念のなかには、その比率である生産性も含む。生産力は生産性も含めて量的側面と質的側面の両方を含む概念なのである。

現代は物質・エネルギーの生産が加速度的に増大する過程にある。それは正常な物質代謝を阻害し周辺の環境を破壊するまでになっている。最初は労働環境が次いで生活環境が破壊されいまや地球環境の破壊も懸念される。何よりも原材料の開発・廃棄を含む問題がある。しかしそれだけではない。発展途上国の貧困の問題も生産力の量的発展が不足している問題ではない。生産力が特定の分野に集中している問題あるいは生産物が適正に分配されていないという問題である。それらは、生産関係により深く関わる。

先進国においても生産性の向上が労働者の労働時間の削減に貢献しているかどうか、あるいは生産力の発展が消費者の欲求を適正に満たしているかどうか、決してそうとは言えない側面がある。現在資本主義国において、経済成長が追及されているが、それが％で表現されているようにその量的発展が重視されている。質的発展つまり技術の進歩の内容とかその成果の社会的還元、制度的反映などは、それが量的発展に寄与する限りでのみ考慮されている。なぜなら、利潤の拡大は競争の結果、終局的には量的拡大（シェアも含む）に依存しているからである。

ここでは、そのような生産力の量的発展ではなく、生産力を質的にどう発展させるかを論じたいと思う。その場合に技術と市場が重要な役割を果たす。まず第2次世界大戦後の日本経済を中心に振り返ってみよう。

## Ⅱ　第2次世界大戦後の日本経済の変遷と生産力発展の新しい段階

### Ⅱ-1　高度成長の時期

第2次世界大戦後、暗黒の戦争から抜け出した直後には白いコメと白いシャツが高い価値をもっていた。近頃家を建てるのはメリヤス屋（ニット製品の製造業者）だと言われた時代があった。生地を染めるのに電柱を買

ってきて隣の町から電線を引いたという豪快な話も聞いた。

　三種の神器の時代には、箒・塵取りと電気掃除機、たらい・洗濯板と電気洗濯機ではその効率は比較にならない。テレビジョンはまったく新しい商品であった。3Cの時代では、カラーテレビ（color television）と白黒テレビでは程度の差だと思われるかもしれない。しかし子供の前にカラーテレビをおかれると、これを拒否して白黒テレビに戻すことは困難であった。当時クーラー（cooler）と言われたエアコンや個人用乗用自動車（car）も急速に普及していった。

　このように急速に普及した商品は、参入することが容易であった。それぞれの商品の特性に応じて、少数の巨大なあるいは多数の大小さまざまな資本が参入した。そしていくつかの資本が市場を支配するようになった。

　綿糸の市場は、戦争中は統制経済で10大紡績が支配していた。戦後は、新紡・新新紡が進出したが充分な利潤をあげることが出来た。その後、天然繊維より合成繊維の方が成長するようになった。それまでは靴下は破れて修理するのが当然だったのが破れなくなった。天然繊維の東洋紡が日本一の高利益を上げる会社であったのが、合成繊維の東洋レーヨン（現在の東レ）に変わった。東レのレはレーヨン（人造繊維）のレであったのである。ついでに帝人の人は人造絹糸の人である。いまでは綿紡績の会社であった鐘紡を、化粧品会社カネボウと認識している人の方が圧倒的に多いであろう。

　その後、成長する産業は電機産業から自動車産業に変わり、いまではトヨタ自動車が日本一の利益を上げる会社になっている。今後現在の自動車産業に代わって何が出てくるか。情報関連産業であろうと思われるが、わが国でそれがどのような形であらわれるかはまだ分からない。

## II - 2　消費主義の登場

　20世紀の前半、われわれは二つの世界大戦によって人間の生命と生活を破壊する巨大な生産力を生みだした。そしてその生みだしたものを使用することによって人間の生命と生活を破壊してきた。原子爆弾はその最たるものである。

ところが、20世紀の後半以降は大国同士の戦争は行われず、人間の生命と生活を破壊する生産力は生みだされたが基本的にそれが大量に使用されることはなかった。一方、人間の生命と生活を豊かにする生産力は巨大な発展をとげた。

　高度成長の最初のころには、人々の生活を向上させる諸商品が生みだされた。人々の所得も向上していたので、それらの商品は急速に普及していった。それらの商品が一定程度普及すると、商品によってその普及率には差があったが、量的な拡大は限度を迎えた。その生産力を消費する人々の所得は生産力の発展に応じては増加しなかった。あとは買い替え需要だけになった。近年でもICTの発展にもかかわらずこの傾向は変わってはいない。

　その結果どういうことが生じたか。コストダウンによる価格低下だけでは需要は伸びなくなった。それでは巨大になった生産力を生かすことができない。戦争とは異なる仕方で、資本の成長にとって必要な需要を作り出さなければならなくなった。宣伝による需要の創出である。GM（ゼネラルモーターズ）ではないが、「自動車は外見で売れる」ものでなければならなくなった。これが消費主義である[29]。

　消費主義の経済には、つぎの4つの傾向が現れている。　①経済のグローバル化　②情報のリアルタイム化　③生産のソフト化　④商品の多品種化である。

　①の経済のグローバル化と②の情報のリアルタイム化は、空間的又は時間的に規格を統一しマーケットを拡大するものである。同一規格のものを大量に生産・販売することによってコストを下げ、それによってさらにマーケットを拡大することは資本主義的生産に適合的な方向である。途上国、とくに中国をはじめとするいわゆる新興国においては、この方向で資本主義的生産・市場経済が大いに発展している。

　これに対して、ある程度需要が充足した先進国の経済では、③の生産のソフト化（生産と消費がより密接に結びつきハードよりソフトが重視される傾向）が、④の商品の多品種化とともに消費の差別化・生活の個性化に対応して発展する傾向にある。

現代の資本主義経済は、存続するためには絶えず生産を増大させなければならない。とはいえ、ただ生産するだけでは足りない。製品を買ってくれる人がいなければ製造業者も販売業者も破産する。そのような惨事を防ぎ、業界が新しいものを生産した時には人々がいつも必ず買ってくれるようにするために新しい価値体系が登場した。

歴史を通じて、ほとんどの人々は欠乏状態で生きてきた。したがって、倹約こそが彼らのモットーであった。正しい人は贅沢を避け、けっして食べ物を捨てず、服が裂けたら新しいものを買わずに繕う。ところが消費主義は、ますます多くの製品やサービスの消費を好ましいことと見なす。そして、人々が過剰な消費によって徐々に自分を破滅に追い込むことさえ奨励する。倹約は病気であり、治さなければならない。この消費主義の価値体系が働いている様子は、わざわざ探すまでもなく、すぐ身近に見られる[30]。

現代社会では修理することが許されない。なぜならば、修理する方が新しいモノを買うよりも高くつくからである。原材料は安く加工費は高くカウントされる。われわれは倹約しなければならないのではない。消費主義によって押しつけられ自分を破滅に追い込むような過剰な消費をやめなければならないということである。

嫌なものは買わないという点で最終的な決定権は消費者が持っているが、イニシアティブをとるのは供給者である。だから、消費者が供給者にその方向を転換させようと思っても、この主客関係それ自体を逆転することはできない。できることは、消費者が買うことを拒否したことの意味がうまく供給者側に伝わるような方法を考え、それを通じて供給者が消費者の意向により敏感に反応するような仕組みをつくることである[31]。

## Ⅱ-3 ＩＣＴの発展

現代において生産力の質的発展を考える場合に重要なのは、なんといってもICTの発展であろう。ICTを考察する場合、まず情報とは何かを定義しなければならない。

情報とは何か。『広辞苑』（第7版）によれば、

① ある事柄についての知らせ「極秘─」

② 判断を下したり行動を起こしたりするために必要な、種々の媒体を介しての知識「―が不足している」

③ システムが働くための指令や信号とある。

　ここではさしあたって情報の意味を③に限定して考えようと思う。情報の意味を拡大すると情報生産物の範囲も拡大され、たとえば著作物、芸術作品、音楽、舞踊等々にまで拡大する。これは異種の情報生産物を混合するものであり議論の展開を複雑にするものであろう。ここではソフトウェアの生産に限定したい。

　しかしこのことは、情報の問題を議論するときにソフトウェアの問題だけを議論すればいいということ主張しているわけではない。「情報化社会」とか「ICT 社会」という標語が、あいまいで多義的であるだけに、分析の視角を明示してその内容を説明することは、いま不可欠な作業だと考えられる[32]。

　情報は物質と遊離したままでは、存在できない。何らかの媒体（物質）との再結合が不可欠である。すなわち記号やシンボルを表示する媒体（紙やコンピュータ画面など）によって担われるのである。確かに情報の内容は非物質である。しかしその内容は種々の媒体（物質）によって担われる。音声も物質である。人間の発声器官によって発せられ、電波を経由し聴覚を経て脳細胞に届くなど、媒体を通じて機能する。人間の身体表現も同様である。情報生産は、人間と自然の物質代謝という枠を超えることはできないのである[33]。

## Ⅲ　ICT は技術と市場をどう変えたか

### Ⅲ-1　ＩＣＴはモノの生産に何をもたらしたか

　多くの大企業では、なお巨大化・集中化がのぞめる産業や地域への進出をはかるとともに、多様化・分散化の側面でも利潤をあげる方向へと転換してきた。これが生産の「ソフト化」「サービス化」といわれているものであり、資本主義的商品生産の全面的発展を基礎に、生産と消費とが時間的・空間的に密接に結びつく傾向を表している。それは消費の多

様化・生活の個性化に対応してやむを得ずとられる方法である。

　それ故に資本主義社会では、個性化といってもせいぜい限られた「多様化・差別化」であり、与えられるいくつかの商品の中から自分の好きなものを選べるという程度のものである。それでも、商品がほとんど同規格で、それが強制的に与えられるよりはましではあるが、本当に消費者の個性に適合する商品を創り出すのとは雲泥の差がある。

　それはともかく、こうして現代資本主義社会は、生産・流通における規格化・大量化と消費・生活における多様化・個性化のせめぎあいのうちにある。その主戦場になっているのが、情報化であり、その手段となっているのが ICT 化という流れである。

　コンピュータ制御技術は、ハードウェアとソフトウェアに分離し両者の組み合わせを自由にした。それまでの機械にあっては、構造と機能は一体不可分であった。コンピュータ制御技術の登場によって、ソフトウェアはハードウェアと分離し、多様な再結合が可能になった。

　従来から、モノの生産にはいくらかの肉体労働といくらかの精神労働とが必要とされた。いま精神労働のウエイトの極めて高い労働または生産が急速に発展しつつある。現代ではそれが独立してソフトウェア生産に結実している場合も多い。以前であれば情報生産は、著作物、芸術作品、音楽、舞踊等独立した特定のものに結実したのであるが、いまはもっと一般化してきた。ソフトウェア生産は、まずはモノの生産、人間の欲求を満たすモノの生産に役立つものである。その多くは人間の高度な欲求を満たすものである。

　ソフトウェアを含むモノの生産は従来のモノの生産とどう違うのか。機械によるモノの生産は、人間の意識と肉体が道具または機械を通して物質またはエネルギーに働きかけて新しいモノを造り上げる。これに対して、ソフトウェアを含むモノの生産は人間の意識と肉体が機械のソフトウェアおよびハードウェアを通して物質またはエネルギーに働きかけて新しいモノを造り上げるものである。

　ソフトウェアは従来の機械（ハードウェア）の外部に出て独立し、機械とそのシステムを作動させる。あるいはその他のシステムを作動させる。

これによって道具、「機械」の時代を超えた ICT の時代が到来したと言える。これはマルクスの認知しえなかった事象だと思う。

1980 年代には、この新しい存在が機械を超えるものなのかどうかについて議論があった。肯定する意見も否定する意見もあった。筆者は正直迷っていた。いまとなってははっきりしてきたように思われる。ICT は、機械であるが、従来の機械を超えた存在となっている。ICT は、これまでの機械とどう違うのか。

1970 年代から 80 年代にかけて、機械装置の自動化（オートメーション）、結合化（コンビナート）が大幅に進んだ。それは主として機械装置の動力面のことである。人間の労働は主として監視労働になったが、制御面ではまだまだ人間の意識と判断よるところが多かった。それが ICT の発展につれて徐々に変わっていく。これまで、制御装置は機械装置の内部に付随していた。それが機械装置の外部に独立して存在するようになる。制御装置としての ICT 機器の出現である。

ここで問われるのは、それが「自動化」と段階を画するような原理的な新たな発展段階といえるかどうかである。

友寄英隆氏は、「現代のオートメーションがマルクスの時代の機械自動化を超えた『新たな段階の機械自動化』であるとは考えられない」という。その理由は、「『機械工業の原理』の確立は、同時に機械による生産過程の『自動化』の開始でもあり、現代のオートメーションも、機械それ自体としてみるならば、『機械工業の原理』による『自動化』の延長線上（いいかえれば、射程内）にあるから」である。一方、「将来の AI」のもとで、自律的な AI ロボットによる「機械の自動化」が実現した場合には、「機械の新たな段階」としてとらえられるかもしれません」と付け加えられている[34]。

筆者は、その段階はすでに来ていると考えている。「機械の新たな段階」とは、「機械を超えた段階」ではなく、『資本論』の説く「オートメーション段階」を踏み越えた段階であると考える。

第 1 部

## Ⅲ - 2　ＩＣＴは市場に何をもたらしたか

　市場における ICT の利用はまず POS（販売時点情報管理）システムの導入から始まった。POS システムは今日全店舗で何がどれだけ売れたかを瞬時に集計することができる。それによって、明日なにをどれだけ生産しなければならないかを指示することが可能になった。これが同一企業内だけのことであれば、商品の安定的な生産と円滑な供給が確保され、生産者や消費者の利益に還元されるはずである。

　ところがその「情報」が公開されず販売者に独占され、販売者の利潤獲得のためにだけ利用されると、「情報」は生産を均等に配分することにならないばかりか、その不安定性をますます強めることになる。これは現在のプラットフォーム企業による販売管理にも妥当することである。企業内では計算を可能にする「情報」が、市場に出ることによって「競争」の手段に利用されると、逆にリスクの増大をもたらすのである。

　POS システムでは売れた商品の数量のみが集計される。それはその商品が店頭に出ているということが前提である。しかし売れた商品の中にはたいへん気に入って買われたものと、他に適当なものがなくあるいは時間がなくやむを得ず買われたものとがある。売れない商品の中にも全然気に入らなくて見向きもされなかったものと、この部分がこうなっておればあるいは求められた時期に供給されておれば確実に買われたであろうものとがある。もっと消費者の欲求に適合した商品が店頭にあれば、状況は全然違うのである。

　このような情報は単純には数値化されにくい。新しい商品の開発や商品の適時の供給には、このような情報が必要であり、それは POS システムや現在のプラットフォームシステムからは直接には生まれて来ない。なにがどれだけ売れたかも大切ではあるが、より大切なのは、なにをどれだけ売り損なったかということである。そのままでは売れる商品はだんだん減ってくる。売り上げを維持し拡大するためには何らかの別の努力が必要である。いま客が商品を棚に戻すのをカメラでとらえる方法も取り入れられている。しかしこれも基本的には変わらない。

　もちろん筆者は、一般的に POS による商品管理の重要性を否定する

ものではない。いまはプラットフォームというもっと拡大されたシステムになっている。大規模になっただけ販売者のあるいは販売者を束ねるプラットフォーム運営者の独占力が強くなり、消費者の意向は束ねられる傾向にある。それだけではだめである。

　アマゾンでは、消費者の購買したものあるいは購買しようとしたものから推計して消費者が求めるであろうものを推薦している。もちろんそれで購買する人もいるだろう。筆者の知るところでは現在まだうまくいっているとは思われない。筆者に勧められた本も多くはピント外れである。あるいはすでに買っている本である。アマゾンで勧められて買った本は少ない。買いたい本の情報はほかに求めている。たとえ、筆者の蔵書目録をアマゾンに提供したとしても筆者の買いたい本を勧めることはできないであろう。筆者の今の関心がどこにあるかは筆者以外には分からないからである。

　これを打ち破って消費者の欲求を正しく反映するのはどうすればいいのか。今日では、消費者がスマホをはじめ多様な発信をすることが可能になっており、供給者がその気になれば消費者の欲求を反映することの可能性はより大きくになっている。それには、スマホをはじめ消費者の発信力とそれを受ける供給者の受信力にさらなる進歩が必要であろう。

　ICT の市場への適用とは何か。それは単に人々の欲求を刺激して販売市場を拡大するのではなく、人々の真の欲求をとらえてまたそれが量的にはたとえ小さな欲求であろうとそれに見合った市場を構築することである。それは現在の市場に比べて量的にははるかに小さな市場になることもあろう。技術の進歩が必ずしも消費の拡大を意味しないのと同様である。それでも低コストでそれに応えられるのが ICT であろうと考えられる。

　現在の市場には、消費のための需要だけでなく、価格の高騰を見込んで投資または投機のための需要が多く存在している。住宅市場はその最たるものである。また一時的な使用のために長期に所有する需要がある。自動車市場がその例である。人間はたんに生産し消費するだけが目的ではない。生産力を発展させ生活を向上させ、それによって人間自身を発達させることが目的である。このことは先にも述べたが忘れ去るべきものではない。

# Ⅳ　消費者の欲求に反応する労働の役割

## Ⅳ-1　労働過程における情報

　消費者の意向に敏感に反応するのに大きな役割を果たすのは労働である。労働はその時間の長短だけが問題なのではなく、その質が問われなければならない。本当に消費者のための商品を開発するためには、監視される労働、指揮される労働ではなく個人のイニシァティブが生かされる労働が、零細企業や農業部門などだけではなく中小企業や大企業においても考えられなければならない。公務労働においても同じことが言える。

　人間の労働は本来、その時代が要請するニーズに対応し、新しい技術をとり入れ、新しい商品をつくりだしていくものである。昔の職人はそうであった。彼らは仕事の段取りを考え、道具を自分なりに工夫し、仕事の成果を自分のこととして考える。ところが近代工業社会以降になると、労働者はある限られた範囲の作業だけを行うようになり、機械の扱い方の熟練度が高いということだけで重宝がられる。

　「職人」とか「勘」というと古臭い観念と思われるかもしれないが、機械あるいはコンピュータによって交換される情報が「形式知」であるのに対し、人間と人間とのコミュニケーションによって生み出されるあるいは人間が機械あるいはICT機器の助力によって得られる情報は「暗黙知」ということである。いまソフトウェアの進歩によってこの面でもICT機器の助力が有効になってきている。

　近代的な技術体系においては、ものごとを細分化し、それぞれの分野で研究を進めれば、全体が進歩すると考えられて来た。また、仕事も工程を細分化し、個人を一部の仕事に特化させることで効率を上げてきた。ところが、独創的なものを生み出すにあたっては、それとは逆に、統合された知識が必要になるし、最終的には「勘」などの個人の価値判断が重要となる。勘は、学習や経験による情報を自分なりに体系化した価値判断から生まれるものであり、勘を働かせる仕事は、個人以上に細分化できない。そして世の中にまだ存在しないもの、つまり、漠然としたア

イデアを具体的なものにつくりあげるにあたっては、総合的な知識を持ち、判断する力のある「職人」が重要な役割を果たすのである[35]。

　近代工業社会における機械の使用を典型とした生産システムでは、規格化、分業化、大量化に適合した情報が集積される。そのうえで情報処理のスピードのみが高められるのである。その情報化が労働の過密化や社会生活の過度の管理をもたらすのは必然である。数値化された情報の処理スピードが早くなることは進歩である。しかしそれが過度にはたらくとかえって逆に効率が悪くなる。それが企業内にとどまらず、企業外につまり市場メカニズムの中に流れ出すと社会の不安定化をもたらす。

　情報が数値化され計算が可能になるのは、まずはそれが同一の質であることが前提である。しかし、より重要な情報は、異質のものの比較にある。数値化され得る情報のみが集積されると、それに適合しないイレギュラーな情報は排除される傾向にある。数値化される情報のみで管理をすると、管理できない分野が多く残される。

　消費者の好みの色をつくりだすことは新しい染料を開発することだけではない。既存の染料を組み合わせて好みの色をつくりだすことも重要である。色は素材やその編成によっても光線の反射によって違った色に見える。風合いについても同様である。柔軟剤や固着剤、吸水材や撥水材だけで決まるものではない。組み合わせが大切である。

　また素材を違った用途の転換することによっても、新しい商品が生まれる。愛知県碧南市の石川鋳造は、鋳物のフライパンをつくることによって新しい味をつくりだした。鋳物の加工は難しいが、鉄板よりは変化に富み多様な味をつくりだせる。この商品を手にいれるのは「三年待ち」だと言われていた。

## IV - 2　市場のおける情報

　「情報化」は、一方では社会の管理化システム化をすすめ人間の意識まで管理するといわれるが、他方それは経済の投機化をますます推し進める。一方では管理が強められ他方では管理不能に陥るという、その分岐点はどこにあるのか。それは情報の種類、性格、流通の範囲によ

る。まずはその情報が、企業内情報のように何らかの強制力を含むものなのか、それとも市場内情報のように選択可能なものなのかの違いである。もちろん、企業間にあっても市場メカニズムが完全に働くわけではない。資本の力によって企業内分業化して管理を強める側面と、市場に放り出して投機の波に任せる側面とがある。

　質の異なるものの比較は交換という行為を通じて行われる。その評価の基準として価格があり、その評価の手段として貨幣がある。それが市場メカニズムである。値段を安い順番に並べるということは、その商品の質が同一であるということが前提である。異質の商品の価格を比べても意味がない。商品の「質」についていうならば、低級品、中級品、高級品があって、高級品が安く提供されればそれで良いというわけではない。多様な商品があって自由に選択できることが大切である。「質」が高いということは、そういうことである。

　現在の量販店やコンビニでは、挨拶は「いらっしゃいませ」と「ありがとうございました」しかない。これでは消費者は反応のしようがない。昔は八百屋の大将が「今日は良い天気ですね」とか、魚屋のおかみさんが「よい安いものが入っていますよ」とかいった。ある独り者の男性が「いらっしゃいませ」以外の挨拶をされるとホッとすると言っていた。こうしてこそ消費者は反応することができるのである。このような言葉のやり取りを ICT 機器のやり取りに乗せられないだろうか。

## Ⅴ　おわりに―消費者の享受能力と供給者の労働能力

　人間を取り巻く自然・社会の環境のなかに秘められたこの潜在力を現実的なものとして顕在化するには人間自身の働きかけが必要である。その働きかけは二重の過程をたどる。第一は、自然を対象とした能動的な働きかけである。その典型は言うまでもなく労働過程である。そのうえに第二に、顕在化したものを人間が享受する過程が進行する。

　『広辞苑』（第7版）によれば、

　「享受」とは、

①受け治めて自分のものにすること。

②精神的に優れたものや物質上の利益などを、受け入れ味わい楽しむことである。

　生産過程に対比して言えば、これは消費過程となる。この二重の過程はまったく切り離された関係にあるのではなく、互いに関連しあっていることに注意しなければならない。

　一方での能動的な労働能力と他方での享受的な消費能力とは、人間と自然との物質代謝過程に対する評価能力によって結びつけられ、互いに連動する関係にある。評価能力は、この場合、社会のなかの人と人との相互作用、交流・交通などをつうじて育まれる[36]。

　人間の労働能力は、その専門性を通じてますますその科学性・普遍性を高め、その享受能力はコミュニケーションを通じてますますその全面性を高めるのである。生産者・販売者は、もっとこの消費者の受動的・享受的能力の全面性に依拠し、生産者・販売者としての能動的・創造的能力の専門性を高めることが肝要である。

# 第 2 部

# 情報化社会における競争と感性価値

第2部

# 第4章　「競争」と競い合い

＜目次＞
I　はじめに―競争とは何か
　I-1　現代社会と競争
　I-2　公共的分野と私的分野における競争
　I-3　経済分野における競争と格差
II　経済分野における競争
　II-1　経済学における「競争」概念と「自由競争」
　II-2　現実社会における競争と制約
　II-3　部門内競争と部門間競争
III　巨大化・集中化と多様化・分散化
　III-1　大量生産社会における資本と競争
　III-2　人間の欲求と商品の多品種化
　III-3　需要・生産の変動と企業の対応
IV　「競争」と競い合い
　IV-1　大資本と中小資本の競争
　IV-2　「競争」から競い合いへ

## I　はじめに――競争とは何か

### I-1　現代社会と競争

　現代は競争社会だと言われている。これには肯定的な評価と否定的な評価とがある。これを肯定的に評価する人は競争があるから社会が進歩するのだと言い、これを否定する人は競争があるから社会が殺伐となるのだという。競争が行われるのは経済の分野だけではない。一番目につくのはスポーツやゲームの世界である。これらの世界は基本的に一定の定まったルールがあり、またそれに参加することもそこから離脱することも自由である。それでも暴力を肯定するような練習があったりしてときどき問題になる。また小学校の競技には順序をつけるべきではないという議論もあった。いま経済以外の分野はとりあえず除外することとする。

72

筆者は基本的に競争を肯定する立場であり、競争こそ生産力発展の場であると考える。もちろんすべての競争を肯定するわけではない。競争はどういう意味、内容で肯定されるのか。現代では競争は主として企業と企業との間で行われる。生産力の制御も競争をどのように制御するかにかかってくる。本章ではその内容と意義を考察する。

### Ⅰ-2　公共的分野と私的な分野のおける競争

経済の分野においてもすべての分野で競争が行われているわけではない。あるいは競争が肯定されているわけではない。公務労働の分野だけでなくひろく公共性を有する分野、出産・育児・保育・教育・医療・介護・障害者保障等の分野では一般に価格によって需要が増減することはないしまた増減させてはならない分野だと考えられる。新型コロナ感染症の治療が価格競争によって行われることが許されないのは当然であった。また家庭内で行われる経済活動に競争が持ち込まれることも基本的には考えられない。

### Ⅰ-3　経済分野における競争と格差

経済の分野においては様々な競争が行われている。ノルマを争う労働者間の競争。安い商品を求める消費者間の競争。株価・配当等をめぐる株主間の競争等々。しかしここでは主として諸資本間のさまざまな競争を取り上げたい。なぜなら現代社会においては諸資本間の競争が経済分野における様々な競争の土台をなしているからである。現代社会においては諸資本間の格差が大きい。したがって諸資本間の競争は多様である。筆者は長年中小企業で働いていた経験から主として大資本と小資本との競争、小資本間の競争を取り上げて考えてみたい。また主として製造業を取り上げて、販売業、サービス業、金融業は必要な範囲に限りたい。

## Ⅱ　経済分野における競争

### Ⅱ-1　経済学における「競争」概念と「自由競争」

経済学の世界ではよく何の制約もない自由競争の世界を設定して競争が

論じられる場合が多い。

①経済主体の無数性

消費者も生産者も無数に存在する。いずれも市場の規模に比べたら大海の中の一滴にも等しい小さな存在であって、その行動が市場価格に何らかの影響をおよぼすことはない。

②意思決定の独立性

各経済主体は、目的の実現に向けてあくまで単独で行動し、他者から何らかの影響を受けたり、結託や共謀をはかろうとしたりはしない。

③財の同質性

取引される財は、だれが生産したものか全くわからないほどに、完全に同質的である。

④完全な知識

各経済主体は、市場取引に必要な情報を、全てあらかじめ入手しているか、もしくは費用をかけずに瞬時に入手することが出来る。

⑤資源移動の無費用性

市場への新規参入は、一切の費用をかけずに即座に行うことが出来る[37]。

このような条件は実際にはあり得ない。それは事実上次のような条件が設定されていることになる。


## Ⅱ-2　現実社会における競争と制約

経済主体は大小さまざまな資本を所有しており、市場の大きさに比べてすべてが小さい存在であるとは言えない。市場価格に影響をおよぼさないとは言えない。

資本の大小にかかわらず意思決定には当然他者からの何らかの影響を受ける。

取引される商品が完全に同質であるということはあり得ない。何らかの差別化をして市場に参入するものである。

各経済主体が入手する情報は千差万別であり、大なり小なり費用がかかる。

市場に新規参入するには、その市場の大きさ参入の難易度に応じて一定

のもまとまった費用がかかる。したがって何の制約もない完全競争はあり得ない。

### II - 3　部門内競争と部門間競争

実際の競争はどのように行われるか。諸資本間の競争には、同一の商品を製造販売してその価格を競う部門内競争と異種の商品を製造販売してその利潤率の高さを競う部門間競争とがある。部門内競争はその商品の価格を一定の水準に均衡化する。商品の価格が一定であるということはそれぞれの資本にとっては利潤率に差があるということである。利潤率の低い資本はより高い利潤率を求めてコストを下げるか他の商品生産部門に移動する。

部門間競争は部門間の利潤率を均衡化する。しかし平均利潤率というのは、競争の結果獲得したそれぞれの資本の利潤率の計算上の数字として求めることが出来るだけであって諸資本がその利潤率を平均利潤率に均衡化するのではない。資本はより高い利潤率を目指して競争をする。利潤率は大きな格差をもったまま競争が続くのである。その結果、部門間の利潤率が均等化するのである。

部門内競争は、何よりもまず成長している商品、需要が伸びている商品を製造販売する部門への新しい資本の参入によって始まる。そしてその商品が成熟して需要が縮小し、価格が低下して利潤率が減少または消滅すると、より高い利潤率をめざして他の部門に移動する。必ずしも資本それ自身が消滅するわけではない。

## III　巨大化・集中化と多様化・分散化

### III - 1　大量生産社会における資本と競争

現代の資本主義経済のもとでは、大小さまざまな資本がさまざまな部門で競争をしている。通常同一の商品を生産する部門で大きい資本と小さい資本とが競争する場合、大きい資本が勝つ。なぜならば同一の商品を大量

に生産する場合あるいは巨大な商品を集中して生産する場合には、大量に
あるいは集中して生産すればその生産性が上がり価格が安くなるからであ
る。また社会の需要より過小に生産されれば価格は上がる。過大に生産さ
れれば価格は下がる。こうして同一の商品については共通した一つの価格
が形成されるのである。高い生産性をあげて低いコストを実現した資本は
より高い利潤をあげ、低い生産性でより高いコストになった資本はより低
い利潤で満足するか損失を出して市場より退出せざるを得ない。

　それでは小さい資本はどこで競争すればいいのか。部門には、巨大な商
品群を集中して生産する部門と、多品種の商品群を分散して生産する部門
とがある。一般には、原料になる商品が大量生産品であり、消費に近い商
品が少量生産品である。しかし例えば食料品などは原料としては少量生産
品でそれを加工した製品が大量生産品であることが多い。また、製品とし
ては大量生産品であってもそれを販売する場合は少量で販売する場合もあ
る。資本はその大きさに適合した商品を生産し販売する。そうすることに
よって小さい資本は生き延びていくのである。その場合少量生産品を生産
する場合と大量生産品の部品・加工を下請け生産する場合やそれを少量ず
つ分割して販売する場合とがある。

　それでも大資本が小さい市場に進出してくる場合がある。小さい市場の
小さい資本を買収してその土地を取り上げる場合などである。その場合に
は競合を避けながら辛抱をして大資本の撤退を待つほかはない。目的を達
したら大資本は撤退する。

## Ⅲ‐2　人間の欲求と商品の多品種化

　生産が需要にたいして不足する場合には、需要は統合されてより大きく
なり生産の規模も大きくなる。戦時中の統制経済のもとでは基本的にはそ
うであった。戦後生産力が大きくなると需要は細分化され多様化されるよ
うになった。繊維製品の場合、糸の種類が増え織物の種類が多品種化し製
品のデザインが重視されるようになった。繊維製品の需要が細分化されそ
れにともなって生産の細分化されたのである。もちろん繊維製品の全体と
しての需要は増大し繊維製品全体の生産は増大したのではあるが。これは

繊維製品に限らず人間の欲求の基本である食料品についても同様である。生産の増大に応じて一般に商品は多品種化する。

### Ⅲ-3　需要・生産の変動と企業の対応

　需要の消長に応じて生産を拡大しまたは縮小するにしても、これは単純な山を描くようなものではない。季節的な変動もあるし大きな景気変動もある。それに見合って適切な設備投資をすることが重要である。よく景気変動はほぼ 10 年ごとであり、それは固定資産の耐用年数に照合していると言われることがある。しかしそう単純な話ではない。固定資産の耐用年数といっても実際にはすべての資産が同じであるわけではない。たとえば染色機械の法定耐用年数は 7 年であるが、実際には水と化学薬品を使用して運転する機械と乾燥した状態で運転する機械とでは耐用年数は数倍違う。それが平均して 7 年ということである。機械の耐用年数が近づいて入れ替える場合、機械の性能の進歩に応じて最新の機械と入れ替えるか部分的に改良を加えて耐用年数を伸ばすかは、その時の景気状況の判断等が重要な指針となる。新しい製品を生産する場合でもすべての機械を更新する必要があるとは限らない。主要な機械を改良してあるいはそのままでも新しい製品が造れる場合もある。

　新しい市場新しい商品を求める場合、何よりも現在自社が所属している市場・商品や関係している市場・商品を中心に考えるべきであろう。なぜならその市場・商品に関する情報をより多く把握しているからであり、またはより容易に把握できるからである。新しい商品を生産する場合でも、技術的な困難が少なくて済む場合が多い。また自社が現在取り扱っている商品の需要が減少している場合、それに代わって需要が伸びている商品が見つかる場合も多い。

## Ⅳ　「競争」と競い合い

### Ⅳ-1　大資本と中小資本の競争

　従来の市場で競争する部門内競争にしろ、新しい市場に進出する部門間

競争にしろ、中小資本間の競争はどう考えたらいいのだろうか。中小資本と大資本との競争は、あまりに力の差が大きすぎて競争にはならず甘んじて収奪を受けるか市場を逃げ回るかしか方法がない。競争はむしろ中小資本間の方が激しくなる。「過当競争」と思われるものも多い。

　筆者が特に意識したのは、1979年に読んだ佐藤芳雄氏の『寡占体制と中小企業』の中にあった次の指摘である。

　「独占資本による中小企業の『支配・収奪』は、単に独占資本の意図・政策によって規定されるものではない。たしかに、それは具体的な独占的大企業の経営政策を媒介にするが、それらの政策と諸成果は、一定の経済法則的関連によって規定される。この経済法則的関連の基本は、あくまでも『競争』の論理である。この競争のあり方は独占段階特有の性格を付与されており、『独占』支配のもとでの競争である。しかし、従来の研究の主流は、もっぱら『支配』形態の分析に終始し、独占資本主義段階における『競争の論理』『経済法則的関連』の解明はなかば放棄されてきたといっても過言ではない。……より具体的に、『問題』としての中小企業を、第一義的に『被支配層』として設定することなく、即自的には『競争する』中小企業として設定し、それらが今日の大企業体制のもとでいかなる論理・メカニズム・諸局面を通して『被支配』状態においこまれるかを解明しようとする方法論である。これを、中小企業問題にたいする『独占支配論的アプローチ』にたいして、あえて『競争論的アプローチ』としよう」[38]。

　中小企業存立の可能性を考える場合、物質的生産がどのような方向に発展するかということが重要な要素になる。もし物質的生産が一方的に大規模化・集中化・均質化の方向にだけ進むのであれば、中小企業の存立の可能性は考えられない。現在存立している中小企業も遅かれ早かれいずれは消滅してしまうことになる。中小企業が存立するためには、物質的生産が小規模化・分散化・多様化の方向にも進む必要がある。このことを最初に筆者に気付かせてくれたのは、旧ユーゴスラビアの連邦経済安定化問題委員会が1983年3月30日に発表した「小経営の地位と発展」と題する報告であった。同報告は述べている。

　「世界の近代的技術・経営発展の傾向は、大規模生産部門への歴史的に

知られた生産の集中の方向に進むだけでなく、分散の方向、すなわち、数多くの小規模生産組織や付随部門（サービスなど）の発展の方向にも進む。これらの部門はますます大量の、新しい種類の生産物、サービスをもたらし、より大きな雇用を可能にする。……ここから、全体としての経済と小経営の発展の客観的な相互制約が生まれる。小経営とそこで実現される事業は、全体としての経済・社会発展と有機的に結びついている。小経営の有意義な発展は、工業その他の適切な発展がなければあり得ないように、一層の工業化は、いっそうの分業、専門化、工業内部での協力、または小経営との協力なしには実現されえない」[39]。

今では、「大規模化・集中化・均質化」は、資本市義生産様式に特徴的な傾向であり、本来物質的生産の基本的方向は、「小規模化・分散化・多様化」ではないかと考えている。

## IV-2 「競争」から競い合いへ

「営業上の秘密」という言葉がある。自社の秘密は絶対に漏らしてはならない。本当にそうだろうか。「競争」はトランプゲームのように手の内を明かしてしまえば成立しないものだろうか。このような疑問がずっとあった。

他社の手中のカードを自社に取り込みさえすればすぐに自社のカードとして同じ働きをするのだろうか。そうではない。むしろ他社のカードを見て自社のカードを育てるのが正しいのではないか。中小企業にはもともとそんなに多くの秘密があるわけではない。長期に秘密が守られることも無い。むしろ同業組合や地方自治体のリーダーシップによって情報の交換が積極的に行われることの方が望ましい場合が多い。

その一例として今治タオルを考えてみたい。ここはもともと大阪泉佐野の白いタオルに対してカラーのタオルを特色とする高級路線を進めていた。しかしそれでも安い海外生産が多くなり国内生産としては凋落の一途をたどっていた。そこでカラー化によって目先を変えるのではなく、タオルの本質は何かを考えるようになった。タオルは汗などの水分をぬぐうのが本来の役割であり、それには吸水性が何よりも重要である。そこで四国タオ

ル工業組合に結集した業者が競い合ってこの品質を向上させた。肌触りの
いいタオル。そのうえでクリエイティブ・ディレクター佐藤可士和氏の指
導によって今日の「今治タオル」のブランドは確立したのである。

　「営業上の秘密」を武器に相互の相手をたたきつぶす従来の「競争」に
たいして、このような競争を「競い合い」と名づけたい。「競い合い」を
期待できる地場産業や企業は、日本中に山ほど存在する。「いいモノをつ
くっているだけでは売れない」しかし「いいモノをつくっているからこそ
売れる」[40] のである。

# 第5章　情報化の進展と「競争」の変容

＜目次＞
Ⅰ　はじめに
Ⅱ　情報と競争はどのような関係にあるか
　　Ⅱ-1　競争における情報の役割
　　Ⅱ-2　情報の特質
　　Ⅱ-3　情報の在り方について
Ⅲ　消費主義社会とその対応
　　Ⅲ-1　消費主義社会における競争の変化
　　Ⅲ-2　消費主義社会における対応
　　Ⅲ-3　消費主義社会における中小企業の在り方
Ⅳ　消費主義社会と中小企業における生産と労働の変化
　　Ⅳ-1　小ロット・多品種・短サイクル生産
　　Ⅳ-2　不安定労働の克服
　　Ⅳ-3　消費者の望むものを提示する
Ⅴ　ICT社会における競争の変容
　　Ⅴ-1　ICT社会の発展で競争はどのように変容するか
　　Ⅴ-2　成長の限界とシステムの転換

## Ⅰ　はじめに

　現代は情報化社会だと言われている。ICTが飛躍的に発展している。このような社会で、競争はどのように変容しているか。グーグル・アップル・フェースブック・アマゾン・マイクロソフト（以下、GAFAMと略す）のような巨大な情報資本の独占が出現している。それは従来の産業資本独占あるいは金融資本独占とどう違うのかあるいは違わないのか。

　情報化社会の進展は、全産業のうち情報産業のウエイトが高くなっただけではない。製造業をはじめ他の産業においても、ICTが発展してきた。筆者が考察対象とするのは、情報産業そのもの発展ではなく他産業における情報化である。したがって、GAFAMをはじめとする情報資本独占の支

配を直接対象とするものではない。他の産業特に主として製造業・販売業において ICT の発展が競争をどのように変容したかまたは変容しつつあるかについて考察したい。

このような競争の変容あるいは独占の変容は大企業の生産と労働にどのような影響を与えているのか。また中小企業の生産と労働にどのような影響を与えているのか。それを考察するのが本章の課題である。

## II　情報と競争はどのような関係にあるか

### II - 1　競争における情報の役割

人間が定住生活をして共同体内あるいは共同体間で生産物が交換されるようになると、市場が形成され生産物の交換比率をめぐって競争が行われるようになった。それは現代の「利潤」をめぐる競争と同じではない。公正な生産物の交換比率を求めるための競争である。それには情報が大きな役割を果たした。

あらゆる労働生産物は物質・エネルギーと人間の労働能力との結合物である。人間はどのようにしてその労働能力を発揮するのか。それは人間の脳によって物質から情報を取得しそれを分析した結果に基づいている。マルクスはそれを次のように表現している。

「クモは織布者の作業に似た作業を行なうし、ミツバチはその蝋の小室の建築によって多くの人間建築師を赤面させる。しかし、最も拙劣な建築師でも最も優れたミツバチより最初から卓越している点は、建築師は小室を蝋で建築する以前に自分の頭の中でそれを建築しているということである」[41]。

これが情報の取得・分析である。以前は精神労働といっていたものである。したがって、情報は人間が意識的に生命維持活動を始めた太古から存在する。労働生産物における情報のウエイトは、時代を追うにしたがって増大している。土器は物を保存するのに適した形状情報と土によってできている。紡績機は綿を糸にするのに最も効率を良くする諸情報を集めて製作されている。現代の ICT 機器はより多くの情報をより急速に収集し分

析することによって労働生産物またはサービスの効用を飛躍的に拡大し生産性を向上させている。

　情報の生産は人間の意識の内面での生産活動であって、生産されるのは非物質的な情報である。人間が生産する情報は外界との相互作用によって形成される。脳内に形成された情報は、物質とエネルギーに担われて体外に持ち出され身体活動や音声さらには物質的実在として実体化される。人間の脳が外部から情報を取得するだけでは効用を持たない。その情報を処理し、体系化することによってはじめて有用なものとなる。たとえば科学的知識にしても、文字として紙の上に書かれるか電子記号としてコンピュータに保存されることによってはじめて社会的に利用可能になる。情報の生産はそれを芸術・科学・技術の進歩さらには物質的生産に利用されることによってはじめてその効用を発揮する。

　現代が特に情報化社会だと言われるのは、情報を収集し分析し伝達する手段が急速に大規模化しかつその速度が上昇しているからである。筆者は、それはおよそ三段階くらいに分かれて発展してきたと考えている。文字通り個人でもコンピュータが持てるようになったパソコン導入の段階、それをネットワークに接続出来るようになったｗｗｗの段階、そしてそれらがすべてのものに内蔵されるようになった AI の段階、それはもはや人の手による入力が必要でなくなったことを意味する。これらは前の段階が克服されて次の段階に進展したということではなく、前の段階のうえに積み重なって次の段階が発展したということである。

## Ⅱ-2　情報の特質

　情報の特徴はその非物質性と非所有性にあると言われる。情報の非物質性と言われることについては注意を要する。情報は物質を離れては存在し得ないが、特定の物質には固着せず物質から物質へと渡り歩く。何らかの媒体（物質）との再結合が不可欠である。すなわち記号やシンボルを表示する媒体（紙やコンピュータ画面など）によって担われるのである。確かに情報の内容は非物質である。しかしその内容は種々の媒体（物質）によって担われる。音声も物質である。人間の発声器官によって発せられ、電波

を経由し聴覚を経て脳細胞に届くなど、媒体を通じて機能する。人間の身体表現も同様である。情報生産は、人間と自然の物質代謝という枠を超えることはできないのである[42]。

　情報の非所有性については確かに消費しても譲渡してもその効用は減らない。したがって本来他人を排除して所有することには馴染まないものである。しかし資本主義のもとでは、所有に馴染まないものにも所有権を与える擬制的所有権が存在する。特許権、著作権等である。これらのよって資本は情報を独占する。

　近年、ICT の急速な発展にともないこの技術を利用して独自に情報を生産し販売する産業が増えてきた。情報産業の発展である。またそれによって他産業を支配し巨額の利益を上げることが可能になった。GAFAM をはじめとする情報独占資本の支配である。それは彼らが ICT を利用し多種多様なサービス（販売を含む）の「場」＝巨大なプラットフォームを特定部門で相互に競争を排除して独占的に提供しているからである。アマゾンにおける売買は荷物を配送する運送会社なくして完了しない。それにもかかわらず、現実の資本主義のもとでは、GAFAM をはじめとする情報独占資本のみが巨額の利益を上げている。国家は本来このような独占を禁止し自由な競争を確保しなければならないのであるが、むしろ独占を容認し支持している場合が多い。

## II - 3　情報の在り方について

　この情報手段の大規模化高速化によって大企業は圧倒的に有利になったように思われる。本来は必ずしもそうではない。それは情報の以下のような性質によるものである。森岡真史氏は、ハイエクの「広範な社会的分業に基づく大規模な経済における情報の在り方の基本的特質」についての考え方を三点に整理している[43]。

　第 1 は、「情報の所在の分散性」ということである。情報は、どの特定の 1 人（あるいは単一の意志決定単位）にも完全かつ全体的な形で集中的に与えられることはあり得ず、経済の各部分に断片的な形でのみ存在している。しかも、それらの情報の一つ一つの断片は不完全で、しばしば相互に

矛盾する内容を含んでいる。

　第2は、「情報の内容の局所性」ということである。情報のうちで、普遍性をもちかつ記号化・数量化が可能な形で存在するものはごくわずかである。情報の大半は、特定の時間と場所においてのみ有効性をもつもの、すなわち局所的情報として存在している。

　第3は、「情報の大量性」ということである。社会的分業が発展した大規模な経済の複雑さのもとでは、分散的・局所的な情報の総量は極めて大きな規模に達する。経済の複雑さは、構成主体や財の種類と総量の大量性に端的に現れており、例えば日本経済では最も大まかな分割をおこなっても、構成主体として数百万社の企業、数千万個の家計が存在するし、財・サービスの種類は数千万品目をくだらない。これに伴って、構成主体の内部に存在し、あるいはその間を流れる情報の規模も膨大なものとなる。

　このように考えてみると、すべての情報が一点に集中して関連付けられるということはあり得ない。というよりも意味がない。より重要なのは、一定の分野において情報をいかに相互に関連付けることができるかということでなる。個人にとって、または個々の企業にとって必要な情報は何であるかを判断するのは人間である。そういう情報を集める手段として、しかも手段の一部としてのみコンピュータとネットワークが極めて有効であるということを間違ってはならない。

　単に、多くの情報をリアルタイムに収集することと、自己にとって必要な情報を判別して収集すること、それらを関連付けて処理することとは別の問題である。情報はあくまでも情報であって、それ自身がそれだけで知識であり知恵であることはあり得ない。ところが現実には情報は大資本によって独占されそれによって巨大な利益が上げられている。その実態を解明したい。

## III　消費主義社会とその対応

### III - 1　消費主義社会における競争の変化
　消費主義と何かについては、第3章　II -2　消費主義の登場で述べて

ある（58ページ）。消費主義が支配している社会を消費主義社会と名付けよう。

　消費主義に対応する多様化・分散化には二つの方向が考えられる。そのひとつは商品の部分的差別化である。商品の基本的なところはそのままにして、部分的に変化をつけて目先を変える。自動車のモデルチェンジはその典型である。そこではＭＥ化による生産のフレキシブル化が大きな役割を果たした。また日本では下請け制度の利用のウエイトが高いので、変化の多くの部分は下請け企業に押しつけられた。生産はある程度計画化されるが、下請け企業には親会社の必要なときに必要な種類の部品を必要なだけ供給することが要求される。下請け企業が行う作業は親会社の工場内分業の一工程に転化しその指揮権は親会社に属する。したがって工程の細かいところまで親会社の社員が口をはさみ、毎年何％ずつかのコストダウンを要求される。

　筆者の知っているある染色工場では、自動車のカーシートを染色しているが、各染色機からの情報がコンピュータとネットワークによってリアルタイムに親会社に伝わるようになっている。これによって親会社では最も効率的に工場を動かすことができる。ところがこちらの情報は流れてもあちらの情報は流れてこない。本当に生産をスムーズに流そうとするならば、情報は下請け企業から親会社へ流れるだけでなく親会社から下請け企業へも自動的に流れるようになっていなければならない。下請け企業といっても親会社との間に何らかの市場関係がある以上は同一工場内のようにはいかないので、工場では絶えず生ずる突発的な変更によって効率はさっぱり上がらない。イレギュラーなものを切り捨てることによって全体としての効率はあがる。しかし、多様化の時代にあってはイレギュラーのものも不可欠である。それが下請け企業に押しつけられる。この工場でも生産がなかなか親会社の思うようには流れず、親会社の監査のある日には、流れから外れた製品は別の工場に移してカバーをかけ、親会社にはきれいに流れているところだけをお目にかけているそうである。カンバン方式による効率化の裏面を見る思いがする。多様化は親会社にとっては部品の取り替えに過ぎないが、下請け企業にとっては文字どおり小ロット多品種短サイク

ル生産である。衣料品産業でも、「ユニクロ」はこの方式である。これに
よって親会社の生産過程が合理化される。

　多様化をめぐるいまひとつの動きは商品の種類の細分化である。これは
あらかじめ多くの種類の商品を用意してその中から消費者に選ばせるもの
である。これは原料を大企業が独占し最終製品の生産は中小企業に任され
ているような業種で広く行われている。大販店における POS システムは
その典型である。

　これによって大販店・コンビニやプラットフォーム企業の発注がより
細分化し、在庫が圧縮される。これに対応する下請けメーカーでは、そ
れこそコンピュータならぬ勘ピュータで適当に在庫を積み増し、そして
配送頻度を高めなければ大販店・コンビニやプラットフォーム企業の納
入要求には応えられない。衣料品産業でいえば、「しまむら」はこの方式
である。親会社の販売過程が合理化される。

　これらの戦略は消費者の本来の欲求から出たものではないので、商品を
買わすためには巨大な宣伝力を必要とする。新しいデザインを工夫し、新
しい「ブランド」を生みだし、巨大な宣伝費をかける。これがまた関連業
界に利益をもたらす。

　また必要以上の大量生産によって原材料の大量収奪がもたらされ、余っ
た商品また短期間で廃棄される商品によって大量廃棄がもたらされる。こ
れらは商品が大量消費される先進国経済だけでなくむしろ発展途上国経済
にも影響を与え、またすべての人々のものである土地や大気に大きな影響
を与えてこんにち環境問題の大きな原因になっている。これが消費主義社
会と言われるものの実態である。

　1973 年のオイルショックによって大量生産・大量販売による高度成長
が終了して以降、このような多品種戦略が展開されていった。しかしこれ
はいかに ME 化・デジタル化を進めようとも少品種大量生産よりは効率
が悪い。コストに見合うだけの利潤が上がらない。その限界が現れたのが、
1990 年バブル崩壊以降の不況である[44]。

## Ⅲ-2　消費主義社会における対応

　競争は、資本の力の行使をそのまま放置すれば独占を導く。同種の商品が大量に生産される部門では、中小企業は駆逐され、大企業の間に「営業上の秘密」が成立し、その商品の生産もしくは販売の独占を導く。このような独占が成立している分野では、経済の外部から「独占禁止法」等によって「情報の公開」を保障し、競争を発展させる必要がある。

　競争は異なるものの間での評価を可能にし、個別企業に利益をもたらすとともにより良いものをより安くという公的な利益をもたらすものである。生産力の効率は自由な競争を通じて評価される。競争が独占を導くからといって、競争を全面的に廃止するというのでは生産力の効率を評価することは不可能である。独占によって歪められている競争をどう正しく発展させるか、ということが重要な課題なのである。現在の段階においては、競争が生産力を発展させる原動力であるからである。

　一般に競争の害悪と言われるものは、むしろ競争が部分的に制限されているために発生していることが多い。例えば、「ノルマ競争」と言われる労働者間の「競争」にしても、売る商品が限定されており、売る価格が限定されているうえでの「競争」である。これでは24時間「がんばりぬく」以外に方法がない。そこでは良い商品、安い商品が欲しいという消費者の立場は無視されている。企業における労働者間の競争と市場における企業間の競争とは別のものではなく、またよく言われるように、企業間の競争が激しくなるほど、労働者間の競争が激しくなるというものでもない。企業間の競争が限定されるほど、その激しさが労働者の間に転化されるのである。

　ソフト化・多様化に対応する情報化・ネット化は、一方では社会の管理化・システム化をすすめ人間の意識まで管理するといわれる。たしかに大企業による管理の強化はすさまじいものがある。情報化・ネット化には、もうひとつの違った側面がある。それは経済社会の不安定化・投機化をますます推し進める。一方では管理が強められ他方では管理不能に陥るという、その分岐点はどこにあるのか。それは情報の種類、性格、流通の範囲による。まずはその情報が、企業内情報のように何らかの強

制力を含むものなのか、それとも市場内情報のように選択可能なものなのかの違いである。もちろん、企業間にあっても市場メカニズムが完全に働くわけではない。企業と企業との関係には、資本の力によって企業内分業化して管理を強める側面と、市場に放り出して投機の波に任せる側面とがある。これは先に述べた部分的差別化と限定的細分化に通じるものである。投機の波を情報の収集・処理・伝達能力の向上によってコントロールする可能性はどのようにして増大させることができるだろうか。

　情報技術の発展はまた、製造技術の海外移転が容易かつ速やかになることでもあり、日本の労働者と発展途上国とくに新興国の労働者との賃金や労働条件の競争を激化させた。それと同時に国内においても、情報技術が日本の労働者の労働を規格化し、その管理を容易にした。これらが重なり合って、日本の労働者に今日の状態をもたらしているのである。それには派遣労働の規制緩和をはじめとする労働法規の改悪によって、断続的な労働が大企業や公務労働のなかでも可能になったことも大きな理由である。

### Ⅲ-3　消費主義社会における中小企業の在り方

　中小企業における生産過程・労働過程を考察する場合、人々は大企業における高速の自動機械に象徴されるような超過密労働を特徴とする労働過程にたいして、過重な筋力を必要とし断続的な運搬作業を多用する長時間労働を特徴とする労働過程を見るであろう。たとえば、運輸業や建設業など。そして、同じ日本の資本主義企業の中で二つのかなり異なった労働過程が併存していることに驚き、中小企業においてはもっと機械化をすすめて過重な筋力労働の軽減をはからなければならないと考えるかも知れない。

　しかし、筆者は、この二つの労働過程が決して相互に切り離されたものではなく、中小企業における長時間で不安定な労働過程は何よりも中小企業の置かれている不安定な経営環境の影響を受けているものであり、周辺労働者の長時間不安定労働によって大企業労働者の超過密労働がささえられているという関係にあると考える。だからわが国における労働過程を見

る場合、大企業における超過密労働を特徴とする労働過程とともに、中小企業における小ロット多品種短サイクル生産に対応した断続的で不安定な労働を特徴とする労働過程の研究も不可欠なものと考える。

　もし人々の欲求が固定的であり物質的生産の質と量が固定的であるならば、このような競争によって中小企業は窒息死せざるをえない。しかし人々の欲求は多様であり、物質的生産の質と量はたえず変化し拡大する。たえず新しい商品が生まれ新しい生産部門が発生する。そこで中小企業は息をふき返す。需要が伸びその部門が拡大してくると大企業が進出し、中小企業はその部門から追い出されるか、大企業の下請にならざるをえない。再びその部門が衰退してくると大企業は労働者や下請企業にその犠牲を押しつけて撤退し、中小企業は細々とした需要を分かちあって生き延びていく。このような変動のくり返しの中で全体として中小企業はその生命を維持しているのである。

　いまこの変動に ICT の発展という新しい要素が加わっている。それによって従来の物質的生産の産業にも新しい可能性が生まれている。中小企業もそれぞれの立場でそれを生かさなければならない。

## Ⅳ　消費主義社会と中小企業の生産と労働の変化

### Ⅳ-1　小ロット・多品種・短サイクル生産

　中小企業が下請企業としての収奪からのがれたとしても、市場における、ある意味ではより残酷な収奪があるだけである。だから中小企業発展の展望を明らかにしようとするならば、どうしても市場を通じての大企業の収奪のメカニズムを明らかにする必要がある。大企業によって市場関係を通して支配を受けている中小企業での労働過程は全く違っている。　そこでは、生産のフレキシブル化の代わりに、生産の小ロット・多品種化とともに短サイクル化が進行している。

　たとえば繊維製品の場合、以前はシーズンの始めにいろいろと試験をして見本品を作り、今シーズンはこれで行こうということで生産がスタートする。後は売れ行きによって生産量が多くなるか少なくなるかであ

った。ところが今では、ファッションが多様化し激しく変化するから、一シーズンのうち何種類もの製品が現れたり消えたりし、しかも即時に需要を充足させようとするから納期がきわめて短い。試験をしたり見本品を作ったりしている暇もないくらいである。

　大企業において、1分間に57秒間作業をしているのを、58秒とし59秒とし60秒を理想とするのとはちがってこれらの中小企業においては、かつてはシーズンによって繁忙期と閑散期があったのが、繁忙月と閑散月とになり、しかもいつが繁忙月であり、いつが閑散月であるかがわからない。そして週末に発注されたものの納期が翌週初めだということになると、週休二日制どころか日曜日も吹っ飛んでしまう。放置しておけば午前中繁忙、午後閑散ということにもなるであろう。

　高度成長時代とちがって、朝から晩まで長時間働く労働者よりも、必要な時に必要なだけ働く労働者が重宝がられる。これがこんにちの非正規労働者の拡大、日本社会の格差構造の拡大に連なっている。今日有用な労働者も明日役に立つとは限らない。酷使される労働者の群と、捨てられる労働者の群とが併存している。だから、仕事のあるときには24時間でも働こうと「自発的」に競争するということになる。そして従来からいわれている大企業労働者と中小企業労働者の間の階層化だけではなく、大規模工場の中でもまた小規模工場の中でも労働者の階層化が拡大している。

　必要な時に必要なだけ働くということは、本来の人間的な労働にとって正しい方向である。これが資本の合理化によって歪められることによって、一方では過重労働がもたらされ他方では失業・貧困化のもとになっている。これをICTの技術を利用して真の意味で合理的に配置することが必要である。

## IV-2　不安定労働の克服

　それではこのような生産の不連続化・労働の不安定化をどのように克服すればよいのか。基本的な考え方としては、国民生活との結びつきを強めることである。消費者の需要はより安定的であり、仮需要を排除して消費者と結びつくことは不安定化克服の王道である。

たとえば繊維製品の場合、衣服を買うときにそれと全く同じ製品を着ている人が目の前におれば、手を引いてしまう。これを克服したのがユニクロの販売方式である。同じものを着ていても何となく流行に乗っているように感じさせていい気分にさせる宣伝力それがユニクロの力である。それは大量生産大量販売によって獲得される。ユニクロ以前は、一種類二三十万枚が大ヒット商品であったが、ユニクロでは数千万枚である。それが消費者にとって良いことであるかどうか。以前に大企業の人に同じ製品を着ている人の話をしたが、そんなことは考えたことがないと言われた。大企業ではもっと大きな需要を相手にする。自動車とか電気製品の場合、基本的にカタログに載ってないものが生産されることはない。染色工場にはカタログはない。糸・生地のメーカーには販売のためのカタログがあったけれども現在ではどうだろうか。商社の段階でもカタログよりは見本の生地が大切にされる。それでないと風合いが分からない。

中小企業の工場では一日何十色の色を染める。それぞれに染料のデータを出して見本を染める。そのデータを残しておけと言われるがそんなことはしない。次にその注文が来た時にはその染料が無くなっているかもしれない。もっと良い染料が開発されているかもしれない。もちろん白色とか黒色とか大量に注文のある色は幾種類かのデータで継続して染めている。中小企業は、自己の身にあった小さな需要を掘り起こして対応するのが基本的な道であろう。そのためには中小企業相互のあるいは地方自治体・大企業も含めて情報の収集・処理・伝達が必要である。ICT は大企業の支配の武器であるとともに、中小企業のネットワークづくりの武器にもなる。ICT の時代は中小企業にとってもより有利な時代ともいえる。なぜなら機械の時代に比べて初期投資が少なくて済み、成長のスピードはより速いからである。

## Ⅳ‐3　消費者の望むものを提示する

消費者の欲求とは何だろうか。消費者の望むものとはどんなものだろうか。中小企業に必要なのは身近な情報である。何が売れるかを知ることである。ある繊維商社の課長は、毎週日曜日になるとデパートの衣料品売り

〒113-0033

東京都文京区本郷
2-3-10
お茶の水ビル内
（株）社会評論社　行

恐れ入りますが、切手をお張り下さい。

おなまえ　　　　　　　　　　　　　　　　　　様

（　　　才）

ご住所

メールアドレス

購入をご希望の本がございましたらお知らせ下さい。
（送料小社負担。請求書同封）

書名

メールでも承ります。　book@shahyo.com

今回お読みになった感想、ご意見お寄せ下さい。

書名

メールでも承ります。　book@shahyo.com

場へ行って売れるものと売れないものとを観察していたという。これは現在ではデパートではないかも知れないが、彼のその週の仕入れ方針にヒントを与えていたのであろう。とくに売れたものの情報より売れなかったものの情報が大切である。試着しても買われなかったもの、それにはなぜ買われなかったかの理由があるはずである。それを知ることによって次に売れる商品を開発することが出来る。

　今日ではその日に売れたものを集計することは簡単なことである。しかし今日売れたものが明日売れるとは限らない。季節によって、天候によって、流行によって徐々にあるいは急速に変化する。それはＡとＢ二つの商品があって、Ａが売れてＢが売れなかったという問題ではない。それならばＡを多くつくってＢの生産を停止すればよいだけのことである。通常消費者が新たに求めるものはまだ形のないものである。既存のものであればより安いものである。

　もちろん、消費者は自分の欲求しているものを明確に理解しているわけではなく、生産者・販売者は、あなたの求めているものはこんなものではありませんかと消費者に提示する必要がある。そしてそれをより安く提供するのが生産者や販売者の務めである。その場合に、生産者・販売者の持つ知識なり技術なりが有用になる。現代の社会では、生産とともに消費を考えることも重要なのではないか。それによって生産者や販売者は特別な利潤を得ることが出来るのであり、競争に勝つことが出来るのである。

　デザインから製造に移るときに、かならず人の手によって試作品がつくられる。それを何度か繰り返してはじめて量産に移る。それでないと使い手の生活の溶け込むような商品はできない[45]。これは筆者が経験した染色業の場合でも同じである。同じ染料を同じ量だけ使用しても同じ色に染まるとは限らない。繊維の種類により適合する染料の種類が違うことはもちろん、織り方によって同じ染料の同じ量でも色の反映が違う。更に染料はすべて繊維に吸収されるわけではないので、反応にかける時間によって違ってくる。これらのことを小さな布片を使って試験染めをするのである。これらは人間によって合成された材料でなく自然の材料を使う場合、とくに重要であると思われる。合成された材料は、材料の特質——強度とか軽

さとかを引き出すのには優れている。しかし、総合された性質では自然の材料にはかなわない。したがって合成された材料と自然の材料とが混合されて利用されることが多い。その場合、人間による試作ということがますます重要になってくるものと思われる。ICT によって、生産過程の中心が複製的な生産から創造的な生産にシフトするのである[46]。

## V　ICT 社会における競争の変容

### V‑1　ICT社会の発展で競争はどう変容するか

　同一の商品を大量に生産する時代は終わった。消費主義は、大量生産の速度を上昇させると同時に商品生産におけるフレキシブル化の速度を上昇させた。それによって諸資本間の「競争」はますます激化した。いまこの変動に ICT という新しい要素が加わっている。それによって従来の物質的生産の産業にも新しい可能性が生まれている。中小企業もそれぞれの立場でそれを生かさなければならない。

　いま生産した商品に見合う需要の創出を図る消費主義から消費者の欲求に適合した商品を生産する新しい社会——これが本当の情報化社会だと思うにだが——への転換に際して、競争はどのように変容するのだろうか。それはたんに商品の機能を競う競争ではなく、人間の欲求にこたえ人間の感性に訴える商品を生産する競争でなければならない。そこではじめて競争は戦国時代のような相手をたたきつぶす「競争」から科学・芸術やゲーム・スポーツのような対等平等な競争——競い合いになるであろう。

　「感情労働」という言葉がある。いまはお辞儀の角度が何度でなければならないというような否定的な意味の労働に使われているが、本来労働は機械的に同一作業を繰り返す労働ではなく感情を込めた労働でなければならない。それが ICT と結合して消費者の欲求に適合した商品ができると思う。それが新しい時代の商品であり、それに向かって対等平等な競争が行われなければならない。

　商品は、基本的にはそれを使用してまたは消費して何らかの役に立つものでなければならない。つまり使用価値がなければならない。ところが使

用価値にはその商品の機能が役に立つという機能価値のほかに、それを上回る何かがあるように思われる。それはその商品の使用または消費に際して使用者または消費者の感性に訴えるものである。それを仮に感性価値と名づけよう。それはたとえば、安心性、利便性、快適性等々である。安心性というのは物理的な安全性ではない。悪い風評があればそれが否定され、安心して使用し消費されるようにならなければならない。機能価値が充足されるに際してもそれが利便性の高いものでなければならない。また、使用や消費に際しては快適なものでなければならない。このような人間の五感に訴える重要性が近年ますます必要とされているのではないか。食品の味だけでなく香りが。衣類の色だけでなく肌触りが。現在では生産者と販売者には量的拡大ではなくこういう方向の努力が必要になっていると思われる。

　ICT の発展は素晴らしいものがある。しかしそれを人間の感性の面で見ると、その視覚と聴覚を拡充させる点では素晴らしいが他の感覚、味覚、触覚、臭覚を拡充させる点ではほとんどその効用を発揮していない。ここにたとえばズームの会議などで何か不満が残る原因があるのではないか。もちろん人間の感覚のなかで視覚と聴覚が特に重要であることは言うまでもないが。これはまたネット販売などにおいて、リアルの店で商品を見て買う品番を決めてネットで注文をするということが行われる原因にもなっている。

## V－2　成長の限界とシステムの転換

　資本主義の歴史的使命は、労働生産性を上昇させ生産力を高めることであった。利潤獲得をめぐる資本間の競争が生産力の向上をしたがってまた経済成長をもたらした。しかし時として資本の生命である利潤獲得競争がかえって資本蓄積の阻害要因となり、資本の価値破壊を余儀なくさせる。周期的に訪れる恐慌あるいは不況である。

　だが生産力水準がある段階に達すると、循環的な価値破壊だけではない資本蓄積の障害が現れる。社会的な使用価値の限度と資本主義的分配関係に規定された消費の限界が共に作用して、蓄積つまり投資しても増収増益

が見込めないという段階の到来である。しかし、資本はその中でも利潤を拡大しなければならない [47]。新しい使用価値を追究しなければならない所以である。そのために ICT が生かされなければならない。使用価値の量的拡大でなく質的向上が求められる新しい時代、「増収増益」でなく「定収定益」である時代に資本主義は耐えられるであろうか。あるいは自己を変容することができるであろうか。

# 第6章　商品の機能価値と感性価値

<目次>
Ⅰ　消費の重要性
　Ⅰ-1 消費生活向上の意義
　Ⅰ-2　消費主義社会における消費
Ⅱ　機能価値と感性価値
　Ⅱ-1　商品の二要因
　Ⅱ-2　機能価値を超える感性価値
　Ⅱ-3　人間の発達を疎外するものとは何か
Ⅲ　感性価値と「ブランド」
　Ⅲ-1　「ブランド」とは何か
　Ⅲ-2　感性価値の内容は何か


## Ⅰ　消費の重要性

### Ⅰ-1　消費生活向上の意義

　消費生活の向上、欲求水準の向上は、労働者の自覚と人格感情を高め、この社会の変革のために成功的にたたかうことを可能にする。それが出発点であることは、エンゲルスもラヴローフへの手紙の中で次のように述べている。

　「人類社会と動物社会とのあいだの本質的差異は、動物はせいぜい拾集するだけなのに、人間は生産する、ということです。このただひとつの、とはいえ重大な差異だけから見ても、動物社会の法則をそのまま人類社会に移すことは不可能です。こういう差異があるからこそ、あなたが正しく述べておられるように、『人間は生存のためにたたかってきただけではなく、さらに享楽のため、また自己の享楽を増大させるためにたたかってきたのであって、……より高級な享楽のためには、より低級な享楽をよろこんで放棄する用意があった』というようなことが、可能になるのです。……人類の生産は、こうして、ある段階で、生活必需品だけでなく、たと

え当初は少数者のためだけにせよ、奢侈品をも生産するような高さに到達する。したがって、生存競争——このカテゴリーをここでしばらく通用させておくとすれば——は、享楽のための闘争に、もはや単なる生存手段のためではなく、発展手段のため、社会的に生産された発展手段のための闘争に転化する。そして、この段階には、もはや動物からとったカテゴリーを適用することはできない」[48]。

もちろん、消費生活向上方法のすべてが肯定的に評価されるべきものではない。現在発展途上国の多くは、奢侈品どころか生活必需品の生産もままならない状態にある。この場合に重要なのは、その国の自然を破壊するような生産方法を押しつけてはならないということである。アフガニスタンにおいて、医師中村哲氏がまず水の供給から手を着けたということは学ぶべきことである。「いま世界を見渡せば、『雪（水と自然）はなくても生きられるが、カネがなくては生きられない』という思い込みが支配しているように思えてならない」[49]と。

現在起こっているように、資本主義的形態をとった生産が、資本主義社会が消費しうるよりもはるかに大量の生存手段と発展手段を生産しているとき、生産と分配の管理を、これまでそれを委託されていたが、いまではその能力を失ってしまった資本家階級の手からとりあげ社会によって制限を加える必要が出てきたのではないだろうか。

### Ⅰ-2　消費主義社会における消費

見田宗介氏は、『現代社会の理論』において、現代社会における大量消費の問題を取り上げて現代社会を情報化／消費化社会と特徴づけ、「現代社会の全体理論は、この情報化／消費化社会のシステムの基本的な構造とダイナミズムと、矛盾とその克服の基本的な方向を、一貫した統合的な理論の展開として、太い線で把握するものでなければならない」[50]という必要を説いている。ここで言われている情報化／消費化社会は、消費主義社会と表現する方が的確だと思われる。なぜならここ言われている「情報化」は、現代のICTの発展よりも単に「宣伝」によって消費を拡大する傾向を指しているからである。消費主義社会は、1950年代のアメリカで

始まり、戦争とは異なる仕方で，資本の成長に必要な需要をつくりだす方法を獲得した。そして、恐慌／戦争を必然に帰結してきた「基本的矛盾」をのりこえる活路をこの社会が見出してきたといわれる。

消費主義社会が恐慌を克服したかについては大いに疑問があるが、戦争と異なる仕方で、資本の成長に必要な需要をつくりだす方法を獲得したのは事実であろう。第2次世界大戦後、部分的な戦争はあったが大国間の全面的な戦争はなかった。戦争は、商品を破壊することによって需要を生み出すが、消費主義社会はそうではない。何らかの情報によって需要を生み出すのである。それは、商品の消耗が購買を上まわっている貧困状況や、消耗に応じて購買が行われる単なる欲求充足の状態から、購買が消耗を上まわる状態への転換である。そこにはじめてマーケティングといわれるものが存在する余地が生まれる。

消費主義社会における欲望からの離陸ということは、誤解されるように、自然の必要からの文化の離陸ということではない。自然であれ文化であれ、欲望を限定し固定化する力からの自由ということである。それは歴史的には、二重の意味で自由な労働の主体の形成として実現される。第一に、労働主体の、伝統的な共同体による限定と固定性からの解放。第二に、充足手段との直接の結合からの解放――共同体によって保証され、あるいはいっそう原初的には直接に自然によって与えられていた充足は、実現手段から引き離され市場関係（消費財市場における、対象の商品としての購買）という回路をとおしてしか、自己を充足することのできない欲望の主体の大量的な創出である。つまり、労働の解放と欲望の解放は一体のものである。それは同時に失業の自由と窮乏の自由をもたらした。それをどう克服するか。

消費主義社会は、これも誤解されているように、「純粋な資本主義」からの逸脱とか変容ではなく、消費主義社会こそが初めての純粋な資本主義である[51]といえる。大衆が消費することは，それが資本の増殖過程の一環をなすからといって，それが大衆自身のよろこびであることに変わりはない。そして現代の消費主義社会のシステムは、それでも世界で一番魅力的なシステムであると言わなければならない。ただし、それはこれまでの

歴史においてと付け加えるべきであろう。それはまた一定の限界において
である。大量生産・大量消費システムには限界がある。「第一にいうまで
もなく、自然との臨界面において、『環境』、『公害』、『資源』、『エネルギー』
問題として語られている問題系。……第二には、このシステムと外部社会
との臨界面において、『南北』問題、『第三世界』問題という不適切な呼び
名によってしか未だその全体を語られていない問題系である」[52]。

　これは斎藤幸平氏が、「帝国的生活様式」と呼ぶものと同じである。「帝
国的生活様式とは要するに、グローバル・ノースにおける大量生産・大量
消費型の社会のことである。それは先進国に暮らす私たちにとっては、豊
かな生活を実現してくれる。その結果、帝国的生活様式は望ましく、魅力
的なものとして受け入れられている。だがその裏では、グローバル・サウ
スの地域や社会集団から収奪し、さらには私たちに豊かな生活の代償を押
しつける構造が存在するのである。問題はこのような収奪や代償の転化な
しには、帝国的生活様式は維持できないということである。グローバル・
サウスの人びとの生活条件の悪化は、資本主義の前提条件であり、南北の
支配従属関係は、例外的事態ではなく、平常運転なのである」[53]。

　大量採取→（大量生産→大量消費）→大量廃棄。歴史的な大量消費社会は、
この両端の項をその「外部」の諸社会、諸地域に転化することをとおして
存立してきた。貧困は、金銭を持てないことにあるのではない。金銭を必
要とする生活の中で、金銭を持てないことにある。貨幣からの疎外の以前
に、貨幣への疎外がある。この二重の疎外が貧困の概念である。これは発
展途上国だけの問題ではなく、先進国においてもたとえばスマホがなくて
も人間は生きることができるはずだが、現代の日本でスマホがない家族は、
義務教育の「連絡網」からも脱落するし、中高生は友達を持てないのである。

## II　機能価値と感性価値

### II-1　商品の二要因

　商品は使用価値と価値の二つの要因からなる。物の経済的価値に使用価
値と交換価値という二つの価値をはじめて指摘したのは、アリストテレス

であるといわれている。しかし、近代以降の経済学は物の経済的価値を主として交換価値の観点から考察してきた。使用価値は交換価値の担い手としてのみ考察されてきた。その結果、使用価値の多くが考察の対象から除外されてきた。そこでは暗黙のうちに、物の有用性は多くの人々に共通のものであり、交換によってそれが一人の人の手に入るならば他の人々はその有用性の享受から排除されると言うことが前提とされている。また、価値の担い手でない使用価値——有用性については考察の対象から排除されている。これは現在環境問題等を考える場合に、あるいは公共財という観点から重大な問題を抱えている。その点はいま考察の対象としないが、物の有用性がすべての人々にとって同じでないということは指摘しておかなければならない。

　「商品は、何よりもまず、その諸属性によって何らかの種類の人間的欲求をみたす一つの物、一つの外的対象、である。これらの欲求の性質、すなわちその欲求がたとえば胃袋から生じるか想像から生じるかということは、事態をなんら変えない」[(54)]。

　「商品の交換関係または交換価値にうちに自らを表わしている共通物とは、商品の価値である。……ある使用価値または財が価値をもつのは、そのうちに抽象的人間的労働が対象化または物質化されているからに他ならない」[(55)]。

　斎藤幸平氏は、次のように述べている。

　「『価値』は市場経済においてしか存在しない。マルクスによれば、資本主義においては、商品は『価値』の論理が支配的になっていく。『価値』を増やしていくことが、資本主義生産にとって最優先事項になるのである。その結果、『使用価値』は『価値』を実現するための手段に貶められていく」[(56)]。これは、氏の「ブランド」全面否定につながっている。このことは後に論じる。

　氏は共同体ではコモンズが潤沢であった、本源的蓄積は潤沢なコモンズを解体し、希少性を生みだしたと主張している。果たしてそうだろうか。水は潤沢であっただろうか。共同で管理し、公平に分配されていたではあろうが決して潤沢であったわけではない。それが貨幣による奪い合いに替

わったのが資本主義社会である。水が単なる飲み水か農業用水として利用されている時は、欲求はすべての人々にとって同じであろう。しかし、水の種類が増えその用途が多様化すると、人々によって欲求は異なってくる。多様な分配が必要になってくる。その場合「価値」＝「貨幣」は必要な手段でなければならないのではないか。

消費は決してすべての人々にとって同じものではない。小沢雅子氏は、『新「階層消費」の時代』のなかで楽しみとしての消費と義務としての消費ということを言っている。見田氏は消費のコンセプトに二つの位相が考えられるとしてもう少し詳しく分析している。

「バタイユの消費社会論における『消費』consumation と、ボードリヤール以降の消費社会論における『消費』consommation とを、方法としていったん明確に分離して把握しておくために、その差異を明示化するような日本語に展開しておくならば、consumation とは、〈充溢し燃焼しきる消尽〉であり、consommation とは、〈商品の購買による消費〉である。La societe de consumation とは、効用に回収されることのない生命の充溢と燃焼を解き放つ社会の経済であり、La societe de consommation とは、商品の大量の消費を前提とする社会の形態である」[57]。

見田氏は、先に述べた消費主義社会の限界問題が，一般に不可避の帰結とは考えていない。消費主義社会の廃絶なしには解決できない問題群であるとは考えていない。けれどもそれは、消費主義社会のある転回を必要としているだろうと述べている。「歓喜と欲望は、必要よりも、本源的なものである。必要は功利のカテゴリーである。つまり手段のカテゴリーである。効用は、どんな効用も、この効用の究極に仕える欲望がないなら意味を失う。欲望と歓喜を感受する力がないなら意味を失う」[58]。ゼネラル・ミルズ社が、「ココア・パフ」（原料はトウモロコシ粉、砂糖、シロップ、ココア、塩など）で、トウモロコシ１ブッシェルを75ドル４セントで買わせるのは、社会的な無駄だとも考えられる。しかし、「ココア・パフ」では、「トウモロコシ」の栄養ではなく「パフ」の楽しさを買ったはずである。むしろ、より少ない原料でより大きな楽しみを生みだしたのである。消費主義社会というこのメカニズムが、必ずしもその原理として不可避的に、資源

収奪的なものである必要もないし、他民族収奪的なものである必要もないのである。

## Ⅱ - 2　機能価値を超える感性価値

　消費について二つのコンセプトを考える場合、それは二人の消費者あるいは二つの消費者階層ついて考えられるのであろうか。それとも、二つの商品あるいは二つの商品群について考えられるのであろうか。「充溢し燃焼しきる消尽」には、一定の高さの生活水準が前提とされることは確かである。しかし、高い生活水準を維持している人が、すべての商品について高度な欲求をもっているものではない。また、商品には生活必需品といわゆる奢侈品とがあるが、商品によって判然と区別できるものでもない。どこまでが生活必需品でどこからが奢侈品なのかは、その人のステータスだけでなく個人の嗜好にもよって一概には言えない。

　筆者は、消費について二つのコンセプトを考える場合、商品の使用価値について二つの側面を考えたい。そしてそれを仮に、「機能価値」と「感性価値」と名づけたいと思う[59]。さきの「ココア・パフ」でいえば、「トウモロコシ」の栄養が「機能価値」であり、「パフ」の楽しさが「感性価値」である。なお、「機能価値」「感性価値」という表現は、大塚賢龍氏がブランドの価値について用いられているが[60]、筆者は基本的にすべての商品の使用価値についてこの表現を用いたい。

　このような区別は多くの人がいろいろな範囲と名称で表現されている。たとえば十名直喜氏は、「機能価値に加えて、近年では顧客の好みや感性に合ったデザインや面白い仕組み、使い心地など、機能や品質を超えた価値、すなわち文化的な価値の比重が高まっている。これらを『意味的価値』としてとらえる見方もある」[61]と指摘されている。更には、もっと高度な文化的価値や芸術的価値を強調する意見も多い。繊維産業でいえば、クリスチャン・ディオールのデザインのようなものである。しかしそこまでいかなくでも、ちょっとした美しい色を染め出したいという感覚をも含めて、筆者は感性価値と表現したい。

　ところで、このような商品の使用価値はどのようにして認識されるので

あろうか。そもそも商品の使用価値は、その商品に本来備わっているものであり、もっといえばその商品を作り出す素材自身のなかに備わっているものである。

19世紀イギリス・ビクトリアン後期の思想家・芸術家として名高いJ・ラスキンは、この自然やその環境、財貨などのなかに備わっている多面的な潜勢力を「固有価値」と名づけた。人間をとりまく自然・社会の環境のなかに秘められたこの潜在力を現実的なものとして顕在化するには、人間自身の働きかけが必要である。その過程が労働過程であり、その働きかけをするのが人間の労働能力である。

この場合、労働能力についてこれを特定の分業に固定することは、その全面的な発達を阻害するものである。本人の意思を無視して、諸個人の労働能力を部分的・一面的分野に固定することは、諸個人の労働能力の発達という点から見ても社会の生産力の効率的発展から見ても、肯定されるべきものではない。しかし、現在の段階で分業を廃止して諸個人の労働能力をあらゆる分野に解放することが直ちに労働能力の全面的な発展をもたらすものではない。諸個人が、その労働の科学性・普遍性を高めるのは、多面的な多くの労働に従事しその経験を豊富にすることだけではなく、特定の分野での労働に従事してその専門性を高め、それを通じて労働の科学性・普遍性を高めることも重要である。

十名直喜氏も、「マルクスのマニュファクチュア論では、専門化は非人間的論理の視点から捉えられており、専門化が質的な多様化さらには普遍化につながる側面には目を向けられていない。それゆえ、職人労働の質的に多様な側面は捉えられていない。……全面発達は、専門化と必ずしも矛盾・対立するわけではなく、専門化を抜きにしては語れない。『型論』にみるように、専門化は全面発達への一里塚、プロセスとして位置づけることができよう」[62]と指摘されている。

これに対して諸個人の消費能力は、社会のなかの多くの人々との相互作用、交流・交通を通じて高められ、その全面性を開花させるのである。そのことがまた、その人の労働能力の専門性を通じてその科学性・普遍性を高める。人間の労働能力と消費能力とは、相互に作用しながら全面的に発

達していくものである。科学者であり芸術家でありスポーツ選手でもあるという全能の巨人が、全面発達した人間の目標ではない。諸個人にとってこうした全能の巨人に近づくことは、望ましいことかも知れないが、大部分の人にとっては不可能なことである。そうではなくて、一つの専門性を通じてそしてその生産物またはサービスの供給を通じて、社会と結びつくことが人間の全面的な発達につながるものである。

このことに関わって大西広氏は、消費者として全面発達できなければ、消費者に商品が選ばれる時代の生産者としても十分な働き手となれないとして、次のように論じている。「求められる生産物の『質』の変化が、その『生産』そのものにおける『人間』＝労働者の役割を根本的に変化させている。……強いとか、軽いとか、堅いとか、精巧だとか、速いとか、要するに『重厚長大』や『軽薄短小』などという量的性質は『機械』が最も得意とするところであるが、さわやかとか、美しいとか、かっこいいとか、おもしろいとか、センスがいいとかいった性質は、人間の豊かなセンスによってのみ『生産』可能なものである。そして今や、この後者こそが商品にとって不可欠な『質』となっており、ここでの人間の付加価値、『ソフト』の役割は決定的となってきている」[63]。

## II - 3　人間の発達を疎外するものは何か

ところで、このような人間の全面的な発達を疎外しているものはなにか。それは、先に述べた人々の労働能力・消費能力、そしてその根底にある人々の評価能力の発達が妨げられているところにある。

二宮厚美氏は言う。「一定の社会関係におかれた人間が、他の何者かの力によって一方的に支配され、その人格的独立性が侵害される場合、まずは労働・消費・統治等の諸能力の発達に障害が課せられる。……対話コミュニケーションには、第一に発言チャンスの平等性という形式的な対等平等関係が必要であり、また第二に互いの異質性を許容・包摂した実質的平等関係が必要である。……それを保障する社会的な手だてが問題になる。私たちはそれを……民主主義的人権とそれを保障する人権保障の社会的インフラストラクチャーに求めた」[64]。

池上惇氏は言う。「『自由に仕事を選び、自由に仕事をおこす権利』を社会が認めさえすれば、人々は自分の才能と労働とによって『社会に通用し、買ってもらえるもの』をつくりだし、所得を得て、誰からも干渉されないで自由に発言し生活しうる、……労働によって物をつくり、それを売って所得を得つつ財産を築くこと——これがスミス流の人権の経済的基礎であった」[65] と。スミスによれば人間の才能はいかに先天的な潜在的能力があったとしても、それを生かしうるのは後天的な要因、すなわち、職業の選択とその職業への専念によって生みだされるのである。

　現代資本主義社会にあっては、スミスのように楽観的になることはできない。人権の経済的基礎の確立のためには、労働時間の短縮や公教育の充実や公衆衛生など、工場法体系の確立によって、人権を顧みないかたちでの資本の活動を社会的に規制することから始めなければならない。この点をもっとも積極的に理論化し、現代につうじるかたちで、人権の経済的基礎を「労働日」の問題として定式化したのはカール・マルクスの『資本論』第Ⅰ部であった。

　「人間発達の経済学」は、スミス時代には市場経済によって達成されるはずであった人権の経済的基礎と人間発達の機会の提供が、現代においては市場経済のみによっては達成されず、生存権保障や公正競争の保障、学習権の保障、仕事おこしの権利の保障などによって補充されなければ達成しえないことを主張する。そして、同時に、かかる組織や制度をささえる専門性を持つ公務労働や協同組合労働、非営利組織の労働（これらを一括して発達保障労働と呼ぶことができる）が、一人ひとりの個性を開発する機能を担い、個性を活かしあう関係を構築してこそ、人権の経済的基礎と人間発達とを相互に支えあう社会関係が発展しうると主張するのである。

　消費は、その水準が上昇するに従って多様化する。人は飢えているときは食物の味を問わない。寒さに震えているときには衣服のデザインは考えない。飢えをしのぐだけのパンと、うまさを味わうパンとは、人間の欲求の対象としての使用価値としては同じかもしれないが、その充足の内容としては根本的な違いがある。これを、池上惇氏は、「疎外された使用価値」および「疎外からの回復を実現する使用価値」と表現して

いる[66]。

疎外された状態にあるときに、人間が欲求の充足の対象とするパンと、疎外からの回復を展望して欲求の対象とするパンとは、同じ使用価値や効用を持つといっても、根本的に違うのではないか、と考えられる。たとえば、人間疎外の状況にあって、空腹と飢えが支配的な状況下の人間の欲求や、忙しさに負われて食事の楽しみを味わうゆとりのない人間の欲求は、パンをあたかも「えさ」のように見なしがちである。人間の欲求の対象としてのパンは単に飢えや空腹を満たすだけでも使用価値と呼ばれたり、効用をもつといわれたりする。しかし、疎外からの回復を担うとすれば、話は全くちがってくる。疎外からの回復のために購入されるパンは、単なる「えさ」のようなものではありえない。人間らしい雰囲気にふれたいという精神的な欲求の対象ともなりうるパンとは、モノとしてのパンであるだけでなくて、色といい、形といい、味といい、栄養といい、あるいは香りにいたるまで、人間らしい雰囲気の演出にふさわしいものでなければなるまい。

このような「質」の高い商品をどのようにして供給するか。それには消費者の欲求する商品の情報をいかに収集するかということが前提である。筆者のいう「感性価値」が重要であるゆえんである。

## III　感性価値と「ブランド」

### III-1　「ブランド」とは何か

「感性価値」を論じる場合、いわゆる「ブランド」との関係を考えることは避けて通れない。「ブランド」については石井淳蔵氏の研究がある。氏の研究に基づいて考えてみよう。よく宣伝によって商品が売れるということがいわれる。あるいは、広告によって流行がつくられるといわれる。確かにそういう側面はある。しかし、宣伝だけでどんな商品でも売れるわけではない。広告だけで流行がつくりだされるわけでもない。それには、消費者の嗜好を無視するわけにはいかない。「ブランド」についても同様である。「ブランドの価値は、いったいどこからどのように生まれるのか」

について、石井氏は二つの対照的な意見があると言われる。

「第一の意見は、『ブランドとは、市場で消費者に選ばれた商品である』ことを強調する意見である。……それとは対照的なもう一つの意見は、『ブランドの核心にはつねに、制作者や経営者のそのブランドにかける思いや夢、世界観やビジョンがある』という意見である」[67]。そして氏は、消費欲望や権威といった実体に還元して理解しようとするとある種の迷路に足を踏み入れることになる。ブランド価値はそれに還元しえない「何か」だと考えるしかない。氏の立場はこれであると言われる。つまり、ここでいわれる「ブランド」とは、生産者や販売者がつくりだしたものでもなくまた消費者がつくりだしたものでもなく、彼らの意志とは独立してつくりだされたものとされる。しかし、それは生産者が生産し販売者が販売しそして消費者が消費する製品またはサービス、つまり商品と独立してつくりだされるものではない。

「商品とは、製品とブランドという二重の性格をもったものと理解できる。そのうち製品とは、その機能・性能・効能等、技術や製法に密接に関係した物理的実体である。一方、ブランドとは商品の名前である」[68]。しかし、単なる名前だけであるわけはない。ある商品または商品群が一つのブランドで表されるのは、それらの商品に物理的だけとはいえないにしてもある共通の一つの実体があるからではないか。たとえば、その商品が安全であるということは設計上あるいは検査システムの上で何らかの物理的処置がとられているからである。しかし、消費者に安心感を与えるのはそれを超えたなにかである。筆者はそれを商品の感性価値と名づけるのである。もちろん安心感だけに限定されるものではないが。

石井氏もそれを二つの軸で分析されている。一つは技術の軸であり、問題のブランドに属する商品が多様な使用機能を期待されながら一つの共通の技術に従属している。もう一つは逆に使用機能の軸であり、そのブランドの商品が多くの技術を含みながら一つの共通の使用機能に従属している。そしてこれら二つの軸を組み合わせて、製品指示型、技術従属型、使用機能従属型、ブランドネクサス型の四つのブランド・タイプが識別される。

製品指示型は、技術軸にも使用機能軸にも従属し特定の製品と結びつい

ている。たとえば、「日立」の衣服がからまない棒をとりつけた洗濯機「からまん棒」。技術従属型は、使用機能軸を無視して同じ技術カテゴリー名をつける。たとえば、旭光学の「ペンタックス」に共通するのはレンズ技術、大塚製薬の「ポカリスエット」に共通するのは水分補給飲料技術。使用機能従属型は、技術軸を無視して使用機能が共通なものに一つのブランド名をつける。たとえば、「ライオン」のボディ・ケア商品「植物物語」、スポーツカーの「フェラーリ」。そして究極のブランドは、ブランドネクサス型つまり製品・技術にも使用機能にも従属しないブランドである。たとえば「無印良品」や「ベンツ」である。「ベンツ」は、自動車としては限定されているが、他のブランドと違ってあらゆるグレードに共通のブランドである。

　それでは「商品という価値」の名前にすぎない「ブランド」から商品名を超える価値がどうして生まれるのか。たとえばソニーの「ウォークマン」は、軽くて、再生専用の、音のいいヘッドホンステレオの名前であった。それが、広告宣伝によって「ウォークマン」という名前とそのロゴマークが可愛いという印象を与えたとしよう。これは「ウォークマン」という製品そのものの属性ではない。しかし、「ウォークマン」という名前と結びついた一つの属性である。アップルの「iPAD」も同じである。

　こうして、「商品」の価値を超えた商品の名前にすぎない「ブランド」の価値が生まれる。それはやがて特定の商品から離れて、共通の技術的カテゴリーをもった商品群や共通の使用機能カテゴリーを持った商品群の属性となる。そればかりでなく、技術カテゴリーの共通性からも使用機能の共通性からも離れ、ついには、「無印良品」というような何の共通性もない商品群に一つの「ブランド」が与えられる。それはそれらの商品群に、それぞれの機能からは独立した何らかの消費者の感性に訴える共通のものがあるからである。

### Ⅲ-2　感性価値の内容は何か

　では、その共通なものとは何だろうか。それは一見つかまえどころのないものであるが、筆者は大きく分けて、通常の使用機能を超える安全性、

利便性、快適性の三つにまとめられるのではないかと考えている。

　あるブランドは、品質面で一定レベル以上の安全性が確保されているというイメージ。ところがそれが、その企業の責任に属する事故があった場合はもちろん、第三者によって危害が加えられた場合でも、そのブランド・イメージは大きく低下する。前者ではエアバックに欠陥のあったタカタの例があり後者ではかつて毒物を投入されたグリコ・森永の例があった。安心感は重要な感性価値の一つである。

　次は使いやすさ。それは特定の機能によって生ずるものではあるが、特定の使いやすさではなく何となく使いやすいというイメージ。それが特定の機能による場合は改善の余地もあるが、「あの会社の商品は、何となくあか抜けしないなあ」といわれる場合には、すぐには改善の余地がない。これが利便性の問題である。安全性と利便性は矛盾する側面がある。これをいかに調和させるかが重要である。

　最後に快適性。これは機能価値からはもっとも離れていて、その商品をもっているだけであるいはその商品を使っているだけで気分がいいいうイメージ。誰かと一緒の商品だからいやだ、あるいは誰かと一緒のものだからいいということはよくある。昔、ゴルフで青木選手がはじめて海外で優勝したとき、着ていたシャツと同じシャツが爆発的に売れたことがあった。それを着たからといって、ゴルフがうまくなるわけではないのだが。

　アパレル（衣料品）の場合よくシーズンの始めには高い価格がつけられ最後には二束三文で投げ売りされると言って非難される。これは単に同じ「使用価値」の需給関係が変動するからその価格が変動するだけではなく、シーズン初めの商品とシーズン終わりの商品とは人間的欲求を満たすうえでの「使用価値」自身が違うのである。これらの商品は機能価値としては同じであっても同じ使用価値をもった商品とは言えず、その需要は極めて弾力的であり、需要が満たされた後ではあるいは需要が満たされなくても一定の時間が経過した後では、その価格は急速に低下する。

　高度経済成長が終わり国内での需要の増加率が低下すると、限られた需要の中でどれだけ大きなシェアを獲得するかということが課題となる。そして、社会の有効需要を奪い合う競争が展開されるようになった。一般に

企業の競争力はその生産性によって争われる。生産性には労働投入量に対する生産物量の比率で表される「物的生産性」と付加価値の量の比率で表される「付加価値生産性」とがあるが、ここでは後者の「付加価値生産性」が重要な役割を果たす。

市場メカニズムは、市場において需要と供給とが事後的に一致するシステムであるといわれている。マルクスの『資本論』では、「一商品がその市場価値どおりに、すなわち、その商品に含まれている社会的必要労働に比例して売られるためには、この商品種類の総量に費やされる社会的労働の総分量が、この商品に対する社会的欲求すなわち支払い能力のある社会的欲求の分量に照応していなければならない。競争は、すなわち、需要と供給との割合の諸変動に照応する市場価格の諸変動は、それぞれの商品種類に費やされる労働の総分量をつねに右の程度に帰着させようとする」[69]。そして「もし市場価値が下がれば、平均的には社会的欲求（ここではつねに支払い能力のある欲求のことである）が増大して、一定の限界内では、より大きな商品総量を吸収しうる。もし市場価値が上がれば、その商品に対する社会的欲求は収縮して、より少ない商品総量が吸収される。それゆえ、需要と供給とが市場価格を――またはむしろ、市場価値からの市場価格の背離を――規制するとすれば、他方では、市場価値が需要と供給との関係を、または需要供給の変動がそれをめぐって市場価格を振動させる中心を、規制する」[70]。

たしかに、その商品が機能価値を主として評価される場合にはこのように事が運ぶであろうが、その商品が感性価値を主として評価される場合には違ってくる。第1には、個々の需要が多様化・細分化されているために価格によって社会的欲求が規制される限界が非常に狭められている。つまり、価格が商品の種類によって細分化されており、その間の差異が大きい。第2には，需要の変動が激しいため社会的欲求を充足させる時間的限界も極めて制約されている。ファッション製品の価格の決まり方を考えるときどうしても時間の要素を欠かすことはできない。たとえ商品が充分に供給されなくても時間が経てば価格が下がる。したがってここでは価格は、通常いわれているように需要と供給の大きさの関数であるだけでなく、その

需要と供給がなによりも時間の関数なのである。

　現代の生産力は巨大に発展している。それにも関わらずそれは人々の欲求を満たしているとは言えない。商品の生産において、消費者の需要にもとづく商品を大量に生産するよりも、消費者の欲求に適合した一定の商品をより少ない労働で生産することが重要である。

　消費者は必ずしもあらゆる場面で最高の性能の商品を求めるとは限らない。ここでいう性能とは、先にいった「機能価値」のことであり、消費者はすべての「機能価値」を求めているわけではない。人々が求めるのは自分に必要な「機能価値」であり、自分に合った「感性価値」＝安全性、利便性、快適性であると考えるのが良い。

# 第3部

# 消費社会における地域と中小企業

第3部

# 第7章　生産力発展の基盤としての地域
## ―国家の成立から振り返る―

<目次>
Ⅰ　はじめに
Ⅱ　国家とは何か
　Ⅱ-1　多様な制度の併存
　Ⅱ-2　国家の起源の考察
　Ⅱ-3　所有の概念の成立
　Ⅱ-4　種々の国家の成立
　Ⅱ-5　国家の経済的機能
Ⅲ　定住生活と生産力の発展
　Ⅲ-1　生産の原点―定住生活
　Ⅲ-2　定住生活が促す生産力の基盤・孵化器としての地域の形成
　Ⅲ-3　定住生活と地域社会の現代的な変容と課題
　Ⅲ-4　市場と国家の改革

## Ⅰ　はじめに

　人間は定住生活をすることによってその生産力を発展させた。人間が協同で生活をして地域を形成することは生産力発展の基礎である。人間は情報を収集し・分析し、それを伝達することによって生産力を発達させ管理する。それと同時に、生産にかかわる生産者、販売者や消費者を管理する。それによって経済はスムーズに進行する。

　しかし現実には、情報を掌握している人々の支配に変わっている。現代では、GAFAMをはじめとするプラットフォーム企業が情報を独占して、生産者、販売者、消費者を支配している。彼らを規制すべき国家は彼らの影響のもとにあるように思われる。どうしてこのようなことになったのか。国家の成立にさかのぼって考察したいというのが本章の趣旨である。

## Ⅱ　国家とは何か

### Ⅱ-1　多様な制度の併存

　国家はその成立以来、奴隷制、封建制、資本主義と大まかに三つの経済制度を経てきた。それぞれの制度には共通の特徴がある。しかし他方それぞれの国家、それぞれの民族それぞれの地域で制度には多様なバラエティがある。経済システムには、理想的なあるいは普遍的なモデルが一元的に存在しうるであろうか。あるいは他に比べて絶対的に優れたシステムなどというものは本来存在しないものであって、地球規模で多様なシステムが共存し競争することがより大きな経済的利益の源泉となりうるのであろうか。新古典派経済学は、ワルラス的な完全競争モデルを、もっとも効率的な経済システムとして理想化してきた。これに対して「比較制度分析」の考え方と手法は、従来の新古典派経済学とは違ったアプローチを試みる[71]。

　奴隷制、封建制については、すでに基本的に滅亡した制度であり、多様な制度をそれぞれ評価することができる。ところが資本主義については、いまだ発展途上のところもあり多様な制度を評価することは難しい。奴隷制、封建制に比べて資本主義は急速に発展したため、先に発展したヨーロッパ・アメリカ合衆国の資本主義が典型的な体制とみなされ後発の諸国はそれを見習いその後を追うべきだと考えられてきた。特に植民地として資本主義を移植された諸国にとっては当然であった。20世紀に入るまでにヨーロッパ・アメリカ合衆国以外で独立国として初めて資本主義を発展させた日本ももっぱらその道を歩んだ。

　20世紀後半に植民地体制から離脱し独立して資本主義の道を歩み始めた諸国は、独自の道を歩み始めるとともに、少しずつそれぞれの特徴を示すようになった。韓国、台湾、東南アジア諸国、中国、インドさらに今後はラテンアメリカ、中東を含むその他のアジア、アフリカの諸国である。資本主義も、奴隷制、封建制と同様に多様な制度が併存し競争していくように思われる。

　Ｄ．グレーバーとＤ．ウェングロウの『万物の黎明』によれば、彼ら後進国の国民は、未熟なヨーロッパ人にすぎず、庇護されるか隔離されるか

あるいは絶滅の対象でしかないとされてきた[72]。しかし人類史とは、単なる社会進化の歴史ではなく、自然環境と地理的特質を合わせた大きな意味での「環境」への適応の歴史であり、互いに共生しながら展開して来たさまざまな社会の在り方をそのまま評価するために「類型論史観に基づく複線的相互作用論」の有効性を議論しなければならないという[73]。

## Ⅱ-2　国家の起源の考察

　国家はどのように成立したのかについてはさまざまな議論がある。以前は文字に書かれた歴史によって国家の起源は比較的単純に描かれてきた。原始共同体のもとに生産力が発展した結果、生産物が共同体家族の消費を越えて生産されるようになると生産物の蓄積が可能になった。生産物を生み出す手段である土地が掠奪されて有力者家族・個人の財産なり世襲されるようになった。それらの財産を管理するために官僚制が生まれ、またそれらを実力で守るために傭兵の必要が出てくる。こうして王朝が生まれそれが国家に発展した。このように考えられてきた。

　しかしことはそう単純ではない。人類の長い歴史の中では多くの石器が残されている。それらによって生産力がどのように発展したかをある程度推測することができる。しかし、生産関係やそれに基づく制度がどのように発展したかということはそれだけでは定かではない。制度は有形のものによって表示されるのではなく無形のものによって表示されるからである。約5000年余り前に文字が発明されたことによってはじめて抽象的なものが記録されるようになった。したがってそれまでの社会の制度の発展に関しては残された具体的なものから抽象的なものを推定する以外にはない。それは極めて議論の分かれるところであり多くの推論が行われている。またそれは多くの地域で異なっており、一定の方向で定まっているものではないと考えられる。その意味で筆者は、従来の議論は再検討されるべきではないかと考える。

## Ⅱ-3　所有の概念の成立

　所有という概念はどのようにして成立したのか。人類が採集狩猟をしな

がら游動生活を送っていた頃には、所有という概念は存在しなかったと考えられる。手から口への直接の消費である。自分がたまたま手に持って移動しているものが自分のものであり他人が手に持って移動しているものは他人のものであるとは考えなかった。すべて共同の所有あるいは誰のものでもない無所有のものであり、共同で消費するものである。ここではまだものを生産して所有するあるいは自分のものとして消費するという概念が存在しない。採取狩猟活動が発展し収穫物を多少とも長期に保存しながら移動するようになって始めて所有という概念が生まれた。それでも最初は個人的所有ではなく当然共同所有であった。収穫物に余裕ができるにしたがって個人的所有の概念が発生したのであろう。

収穫物を獲得するのに必要な能力はまず人間の労働力であった。最初は部族以外の人間が捕らえられたとしても殺害されるか解放されるしかなかった。人間が自分の食料以上のものを収穫できるようになって初めて捕虜として捕らえ奴隷として働かせることが可能となった。生産手段としての人間の所有である。先の収穫物の所有はあくまでも生活手段の所有であり、生産手段の所有とは厳密に区別されなければならない。食料を与えて働かしてもそれだけのものを稼がせることは容易ではなかった。協同で働く場合より強制的に働かせる場合には効率が落ちる。流動生活の中で捕虜や奴隷を連れて移動することはかなり余分の労力が必要だったであろう。

採集狩猟活動が発展し追い込み猟や漁撈が行われるようになると、それまでの槍や弓は家族の所有であったかもしれないが、共同で使用する生産手段例えば追い込み猟の囲いとか落とし穴などは共有であるほかなかった。漁撈器具も同様である。

採集狩猟活動の発展は定住生活をもたらした。植物の栽培や動物の飼育は負担が過大なものにならない限り、初期の定住共同体が環境を管理するための数多くの方法の一つに過ぎなかった。植物の団体群を野生型と栽培型に分けることは、彼らには大きな関心を呼ぶことではなかった[74]。

鎌での収穫は穀物のみならず藁をも生み出す。いまでは藁は食料生産を本来の目的とする穀物農耕の副産物と考えられているが、考古学的な証拠によるとその始まりは逆のようである。中近東の人間は、穀物が食生活の

主要な部分を占めるようになるずっと以前から定住型の集落に住み、その過程で彼らは野草の茎に新しい用途を発見している。例えば藁は火を起こす燃料になるとか、素材を混和させるための「添加剤」としては泥や粘土をもろい素材から強度を増加させることで工作に欠かせない材料へと変化させる性質を持っている。その性質を利用して、家屋やかまど、貯蔵庫などの大型の構造物の製作のために使用したのである。さらにまた藁は籠、衣類、敷物、茅葺きなどの材料としても使用された[75]。

　人類最古の国家が成立したのは、ティグリスとユーフラテス河畔のメソポタミアである。約5500年前のことである。次いでナイル河流域にエジプト国家が成立したのが約5000年前、中国史最古の王朝二里頭文化（いわゆる夏王朝）が黄河流域で成立したのが約4000年前である。約3500年前にはインダス河流域にインド最古の国家が成立した。これらを4大文明という。これらの4大文明がなぜ大河のそばで発展したか。それには理由がある。

　初期の耕作者たちには、食の必要と労働のコストのバランスとるには特殊な栽培方法が必要であった。その特殊な栽培方法とは「氾濫農耕」と呼ばれるもので季節ごとに氾濫する湖や河の周辺で行われた。氾濫農耕は農作物を育てる方法としては明らかに消極的である。土壌づくりの作業はほとんど自然任せである。季節ごとの洪水が耕作の役割を果たし、毎年土壌をふるいにかけ再生させる。水が引くと肥沃な沖積土が河床に残り、そこに種をまくことができる。これは森林伐採や除草、灌漑を必要としない小規模な園地栽培であり、必要なのはおそらく水流を変えるために石や土で出来た小さな障壁（堤防）を組み立てるだけであった。

　地平線のすぐ向こうに大海原があり、その手前には広大な湿地帯が拡がっていた。それが農耕のリスクを軽減するための水生資源の供給源となっており、さらに建築や製作を支える有機物（葦、繊維、沈泥）の四季を通じた供給源となっていた。こうした点と内陸部の沖積土の肥沃さとが相俟ってユーラシア大陸では動物の引く鋤の使用（前3000年頃にはエジプトで採用されていた）や羊毛用の羊の飼育などより専門的な農耕牧畜形態の発展を促した[76]。

初期の栽培・耕作システムは、私的所有の発展には結びつかなかった。現実にはどちらかというと、氾濫農耕は土地の集団的所有、少なくとも柔軟な圃場再割り当てのシステムに向かう傾向にあったのである[77]。

新石器時代の生態学は、自然を手なづけたり、一握りの種草からできるだけ多くのカロリーを摂取したりすることにはあまり関心がないように見える。ほんとうに関心が寄せられたのは、好ましいもろもろの植物種にふさわしい生態学的規模の菜園区画—人為的でしばしば一時的な生育環境—を作り出すことであった。これらの種には、現代の植物学者が「雑草」「薬草」「香草」「食用作物」と分類している植物も含まれているが、新石器時代の人たちはそれらを並べて栽培することを好んでいた[78]。

土地は住民の共同の所有であった。所有という概念が発生するのは、何よりも定住生活が成立するのが前提であり、やがて徐々に家族の所有に移っていった。定住生活によってはじめて本格的な奴隷制が成立した。

## II - 4　種々の国家の成立

メソポタミア、インダス川流域、中国などユーラシア大陸に最初に誕生した都市の住民たちは、いかにして王のいない都市を建設したのか[79]。ある者にとってそれは不幸と苦しみの襲来であった。なぜなら一部の人間は必然的に農奴、奴隷または負債懲役人にされてしまうからである[80]。都市が誕生したほとんどの地域でやがて強力な王権や帝国が誕生したことは間違いない。しかしそれらにどのような共通点があるのだろうか[81]。

いずれにしても、人類はその誕生の頃から原始共同体のもと平等で豊かに暮らしていた。そこへ私的所有者が現れ支配者が現れたというのは誤りで、生産力が上昇し他人を搾取する余裕ができた時に生産手段を私的に所有するものが現れ他人の労働を搾取し支配するものが現れた。それはそれぞれの部族によって違った道を歩んだ。これらはまだ検証途上のように思われる。その後世界各地で多くの国家が成立した。日本では、約1800年前の邪馬台国である。

農耕牧畜社会が発展してくると、土地は生産の重要な要素となった。土地の肥沃度に応じて農耕牧畜の生産性は大きく異なる。それと同時に肥沃

な土地を誰が所有するかが重要になった。

土地の生産力を高めるために道路、水利等土木工事が必要になってくる。水利事業が重要なことは現代でも同様であり、例えばインドでは1週間雨季の到来が遅れるとその年は飢餓の年になる地方もあるといわれている。古代ではその危険はいっそう高かったと思われ、それを避けるには大規模な共同作業を必要とした。同時にそれを管理統制する管理者が必要になる。それは国家の重要な任務となった。

人類が採集狩猟社会から農耕牧畜社会に発展する過程で分業が発生した。採集狩猟段階では生産が生産物として保存されることは稀であったが、農耕牧畜段階では生産物を保存することが可能になり生産物の管理が必要になった。また生産物の交換も行われるようになった。そのために度量衡を定めることが必要になり、また交換のための種々の規則が制定された。それらの手段として文字が発明された。法律が制定されるとそれを順守させることが必要になり、法律を強制する手段が必要になった。それも国家の任務となった。

また農耕牧畜から独立して手工業、商業が発展してくると、やがて交換を仲介するための貨幣が発生した。貨幣を鋳造しその価値を保証するのも国家の任務となった。手工業や商業に従事する人々は次第に農村から離れ都市に住むようになった。都市を守るためにまた都市のなかでの手工業や商業を守るためにも国家、都市国家が生まれた。また海外貿易を管理しまた港湾を建設し維持するためにも国家が必要になる。こうして種々の国家が成立し発展した。

## Ⅱ-5　国家の経済的機能

国家とは何か。『広辞苑』（第7版）には次のように書いてある。

「国家とは、一定の領土とその住民を治める排他的な統治権をもつ政治社会。近代以降では、通常、領土・国民・主権がその概念の三要素とされる」。

それは基本的には、古代国家・封建国家・近代国家と変化してきた。国家の本質については従来からいろいろな議論がある。ここでは国家の本質を議論するのではなくて、経済活動における国家の役割について考察した

い。

　国家は、経済的には基本的に二つの機能を持っている。一つは生産力の管理体制であり、他の一つは生産者に対する支配体制である。それは共同体の生産力管理体制から出発した。管理は管理する方からすれば支配になり、管理される方からすれば従属になる傾向がある。

## III　定住生活と生産力の発展

### III - 1　生産の原点 - 定住生活

　ここで生産の原点に返ろう。生産の原点は人間の生命維持活動であった。生命の維持活動は生命の生産と再生産に分かれる。

　生命の生産は人間以外の動物では他の個体の援助をほとんど必要としない。自力で出産し、子どもは直ちに自立する。ところが人間は直立歩行をすることにより自力出産が困難となり他者の援助が必要となった。育児についても同様である。それは家族によって担われた。時代が進むにしたがってそれは社会によって担われるようになった。また子どもが成人に成長する期間は時代が進むにしたがって長くなった。それだけ教育に時間がかかるということである。これらも社会によって担われることになる。

　生命の生産を援助する労働がサービス労働である。それは共同体では当然のこととして共同で担われていた。奴隷制・封建制では家族によって担われた。支配階級では他人を雇って担わされることも多くなった。召使等々である。資本主義が発展するようになるとそれは次第に社会によって担われるようになった。助産、保育、教育さらには疾病・傷害時の医療、障害者・老年期の介護、死亡時の葬祭、埋葬である。これらは人による直接のサービス労働によって行われるが、同時にそれを補助する生産物が必要になる場合もある。それは一般的なサービスや生産物である場合もあるが、個別的にその人のためにだけ生産されるサービスや生産物もある。

　生命の再生産は一般的に生産物として生産されそれが直接消費されるか交換を通して他人に消費される。商品経済では後者が原則である。各自が多種のものを生産するよりも特定のものを生産して交換する方が一般的に

は生産性が高く効率的である。これにかかわる労働が商品生産労働である。

　共同体及び国家は、このような生命の生産及び再生産を管理するものとして発足した。

### Ⅲ-2　定住生活が促す生産力の基盤・孵化器としての地域の形成

　人類がその長い遊動生活から定住生活に移ったのは革命的な出来事であった。採集狩猟社会の大部分は遊動生活であった。しかし採集狩猟社会の末期には定住生活があった。それによってはじめて農耕牧畜社会が可能になった。日本の縄文社会はその典型である[82]。

　人々は一定の地域に定住して生活し生産するようになってはじめて、生産物を常時大量に保存することが可能になりまた生産手段の固定が可能になった。その結果生産力は飛躍的に発展した。地域は、生産力の基盤となり孵化器となるのである。

　遊動生活から定住生活に移るにあたって人々は多くの問題に直面した。定住生活の維持のためには、ゴミや排せつ物の処理だけではなく、社会的緊張を解消するための祭りなどの制度や弱者を保護し死者を弔うなどの慣習が必要になる。

### Ⅲ-3　定住生活と地域社会の現代的な変容と課題

　これらは現在の都市や地方の生活においても引き続き重要な課題である。

　人類が、グローバルに活動するようになったからといって定住生活がなくなったわけではない。いまやシリコンバレーにおける知的活動の集結は、ICT社会をますます発展させている。

　一方、都市でも地方でも過疎が叫ばれ地域社会の崩壊が懸念されている。その根源には、地域社会における居住と生産の分離という事実が横たわっている。地方では人口の減少・高齢化が進み、産業の衰退が避けられない。UターンⅠターンによって若年人口を呼び込むと同時にその地域で産業を起こさなければならない。

　都市の過疎化についてはより深い分析が必要である。ここでは必ずしも人口が減少しているわけではないが、いわゆるベッドタウンでは高齢化が

進んでいる。そこでは産業が地域と結びついて発展していないため若い人々が定着しない。ほんとうは年齢に応じて住居は適切に移り変わらなければならない。しかし住宅価格の高騰は自由な移転を困難にし、若かったベッドタウンでそのまま高齢化が進む。

　産業と居住地の適切な配置が必要である。工場の団地化・商店の大型化チェーン化によって、職住混在の弊害は避けられたが、職場と住居が離れすぎてしまった。かつてベッドタウンでは、職場と住居を厳密に区別することが意図された。これでは「定住革命」以来の安定した地域社会が崩壊してしまう。いまそれを改めて、職場と住居を適切に配置して地域社会を守らなければならないときであろう。

　2020年7月、神戸市では都心のタワーマンションを禁止した。商業施設を誘致して繁栄をはかる。住民は郊外に住んで都心に通勤する。それでなければ公営交通が衰退するという。主客転倒である。

　いま都心に巨大なマンションが建設されつつある。ただたんに住むだけのマンションでいいのだろうか。屋上や周辺の緑化はもちろんのこと、保育・介護をはじめとする地域にあるような共同施設が完備されなければならない[83]。それでなければ巨大な縦型のベッドタウンが生まれるだけである。業務地域と居住地域を適切に配置することによって、職住接近を図らなければ地域は発展しない。職住を分離することは一見効率的なように見えて結局は地域全体を衰退させるものである。

　この地域の問題は、言語の問題とともに、人びとを協同させる大きな要素である。重要なことは、同じ地域に住み同じ言語を用いる人びとの間にも個人の自由が認められるとともに、違った地域に住み違った言語を用いる人びとも排除しないということである。これは時代を通じて紛争を解決し、かつ発生させない基礎である。

## Ⅲ-4　市場と国家の改革

　定住生活が確立し地域が形成されてくると、生産物は基本的に他人のために社会のために生産されるようになり、やがて市場が形成される。市場は本来効率よく生産されたものがお互いに交換されて全体として利益を生

むものである。ところが競争を無制限に放置すると強者と弱者を生み、強者が談合して競争を不当に制限する。それによって一方に利益が集積され他方で損失をこうむるものが出てくる。競争の不当な制限を抑止し生産と市場を適切に管理する必要が生じる。

　生産あるいは生産物を管理するためには情報の認識が必要である。生産と市場を適切に管理するためには情報の管理が必要であり、不当な情報の制限と流布を排除し公正な情報が誰にでも接続可能な状態を実現しなければならない。

　人類はその生命を維持発展させるために共同体を発展させたのであるが、やがてそれは人間がその生産を管理するものとなり、さらに他の人間の生産あるいは労働を支配するものとなって国家に発展した。いま再び国家が生産及び情報を適切に管理し、それによって他の人間の生産あるいは労働が支配されることがないように改革する必要がある。

# 第8章　地域と中小企業

## ―中小企業発展の条件―

＜目次＞
I　地域とは何か
II　消費欲求を充足させる手段としての企業
III　グローバルに生きる資本と地域に生きる個人
IV　地域の公害問題と中小企業
V　「日本型企業社会」と企業のオープン化

## I　地域とは何か

　「地域とは何か」という問いに対しては、それぞれの立場でいろいろな答えが考えられるだろう。

　『広辞苑』（第7版）によると、

①　区切られた土地。土地の区域。

②　住民が協同して生活を送る地理的範囲。

③　数か国以上からなる区域各国は地理的に近接し、政治・経済・文化などの面で共通性と相互関係を持つ。

　「地域社会」については、

　一定に地域的範囲のうえに、人々が住む環境基盤、地域の暮らし、地域に自治の仕組みを含んで成立している生活共同体。コミュニティー。

　経済学の観点からは、『大月経済学辞典』によると、

　この概念には、大きくわけて2つの使用方法がある。ひとつは特定国家のなかの1地域をさすものである。この場合、特定の都市あるいは農村をさす場合もあるが、それらを包含した比較的広域な区画をさす場合が多い。もうひとつの使用方法は、性格の共通する諸国家を総合して、世界を分割

する名称である。たとえば、社会主義国地域、資本主義国地域と発展途上国地域にわけるような場合である。いずれの場合でも、共通して、国家と対置し、それでは総括できぬ概念である点に特徴がある。

　ここでは国家の連合としての地域ではなく、国家の内部にある地域を取り上げる。

　筆者は何よりも個人の生活を基本に考えたい。そうすると、生活の本拠である自宅を出て通常１日で行動する範囲ということになるだろう。「身近な意味での『地域』は、通勤・通学や買物などを行っている日常生活圏である」[84] という考え方が比較的筆者の考え方に近い。

　一口に日常生活圏といっても、その範囲はすべての人々にとって同じではない。個人差が大きい。それは何よりも年齢差に現れる。小学生の頃はたぶん小学校区の範囲であろう。成長するにしたがってその範囲は拡大されるが、高齢になるとそれは再び縮小する。キャリアカーを杖代わりにして歩かなければならないようになると、たぶん自宅から 500 － 1000 メートルくらいになるのではなかろうか。

　またその土地の交通の便によっても違う。大阪市の東部京橋にあった工場には、滋賀県の彦根市や奈良県の明日香村から通勤していた人がいた。同じ大阪市でも西部の企業には兵庫県からの通勤者が多いだろうし、南部の企業には和歌山県からの通勤者もいるだろう。

　もう一つはその土地の土地柄というか地域の特性によってもその範囲は違う。三重県の北部に菰野町という人口３万ほどの町がある。ここは工業都市四日市市には電車で十数分、名古屋市へも１時間くらいで通勤できる。ところが兼業農家の多いこのまちの住民はあまり町外には出たがらない。そしてお盆休みが関東の７月中旬でもなく関西の８月中旬でもない８月の初めであるという、独自の共同体が形成されている。もちろん町内でも新しく開発された住宅団地の住民はまた違った感覚である。

　このように同じ地域に住んでいても人によって日常生活圏は大小様々である。その重なり合いのなかでひとつの地域が形成されているのである。けっして地形とか行政管轄によってきっちりと区画されているものではない。また同じ地域に住んでいるからといって、必ずしもすべての利害が共

通するものでもない。

　しかしながら地域の問題を考える場合、地方自治体をどう考えるかということは大きな問題である。わが国の地方自治体は、第2次世界大戦後新しい憲法のもと戦前に比べてかなり大幅な自治権が獲得された。とくに自治体首長が住民の直接選挙で選ばれるようになったことの意味は大きい。それにもかかわらず住民自治の成果があまり現れていないのは、必ずしも法律によらなくても通達とか補助金とかによって中央政府の統制が強められているからである。それはたんに中央政府の意志だというだけではなく、地方においても都道府県や市町村で役所や議会幹部などが中央政府の意向をくんでまたその範囲において、自分らの利害つまり地域住民の利害ではなく仲間内の利害を守ろうとするからである。それは地方に行けば行くほど各党相乗りの首長が多くなり、議会で無所属の議員が多くなることにも現れている。彼らのなかには利害の対立はない。あるいは利害が対立するよりも共通するところの方が多いのである。

　このような地方自治体に住民の意思を反映させるのにはどうすればいいか。一つには地域の大きさの問題がある。近年市町村合併の問題があり、基礎的自治体はある程度の大きさが必要であり、それがなければ効率も悪く自治の能力も発揮できないとして一定以上の人口になるよう合併させる動きが強まっている。しかし先にも述べたように、一つの地域としての望ましい大きさというものはその地域の特性によって様々である。和歌山県の田辺市は、紀伊山地の山奥奈良県との県境までを合併して新田辺市になった。人口の8割までは旧田辺市と隣の旧上富田町に住んでいるという[85]。この合併の目指す効率化とはどんなものか目に見えるようである。8割の人はそれでいいかもしれないが残りの2割の人は市役所へ行くのも一日がかりであろう。一方大都市郊外の市町村などでは、家が連なっていながら隣とうちとは役所が違う、うちの子供は向かいの学校へは行けないというようなことがよくある。家は理由があって連なっているのである。それを行政区画が無理に引き裂くのはよくない。自治体の範囲はその集積度に応じて定められてよい。そのうえで実情に応じてより細分化された自治組織が定められるべきである。地域の特性に応じて適切な地域の大きさは決ま

る。そのために市と町と村があるのではないか。それを一つの基準でくくるのは誤りである。

　住民の意思を反映させるうえでもう一つの問題は、形式的で不十分な住民参加制度にある。これには新潟県巻町で行われた原子力発電所の立地に関する住民投票や、徳島市で行われた吉野川可動堰建設の是非を問う住民投票などのように成功した例もある。一方神戸空港の建設や静岡空港の建設については、かなりの反対票が投じられたにもかかわらず議会によって簡単に否決された。それどころか沖縄県名護市で行われた米軍普天間空軍基地移転のための代替施設建設の是非を問う住民投票では、過半数の反対があったにもかかわらず中央政府、県、市いずれもが住民の意思を無視して基地建設進めている[86]。のちに県政なり市政なりが変わってもいったん出された決定は取り消されない。

　しかしこのような住民投票における賛成または反対だけで住民の意思を結集することは難しい。住民の意見には多様なニュアンスがある。たとえばパチンコ店の設置とか大販店の立地には賛否多様な意見があるだろう。それをそのことによって影響を受ける住民の間の討論と工夫とによって、できるだけ一つにまとめることが望ましい。この討論と工夫の過程が重要であり、この過程でこそ自治体職員やその他の専門家の知恵も必要となるのである。

　埼玉県志木市では市立中学校４校全体を一つの大学、各校を学部のように見立てて特色化をはかることを決めている。文系、理系、芸術系や体育、英語重視など、違いを鮮明にして学校の風評で人気が偏ることを防ぐことがねらいであるという。小中学校の学区自由化というと、ただたんに学区制を撤廃して競争にゆだね学校間格差をもたらすだけをねらいとするものが多いが、ここでは学区を越えて入学できる枠には一定の人数の制限を設け、特定の学校に人気が集中した場合は抽選にするという。放課後の活動は学校間の壁を取り払い、ボランティア学科やリクレーション学科など各校独自の活動を「学科」として設け、他校の生徒も参加できるようにする。子供の希望が変わったときなどのために、学年単位で学校を変わることも認める[87]。中学校から進路を区分するのには意見もあろうが、試みてみ

る価値のある多様化であろう。現在の制度のもとでも、学区制撤廃で学校間競争を促進するだけでない工夫をする余地があるのである。このようなところに住民の意思が反映される必要がある。これがほんとうの地方自治・住民自治ということではないか。

## Ⅱ　消費欲求を充足させる手段としての企業

　日本は「企業社会」だといわれる。この場合「企業」とは何をさすのであろうか。

　再び『広辞苑』（第 7 版）によれば、

　営利の目的で生産要素を総合し、継続的に事業を経営すること。また、その経営の主体。

　『大月経済学辞典』では「特定の生産関係のもとにおける財貨の生産および流通の基礎単位＝組織体。資本主義企業は、資本家が労働者の労働力と生産手段を購入してそれを結合し、労働者を働かせて商品を生産し、それを販売することによって、商品に含まれている剰余価値を実現し、かくて利潤を獲得するところの基礎組織・基礎単位であるとされる。

　一般には「企業」を「資本主義企業」に限定し、「企業」と「資本」とを同一視する考え方が多い。しかし組織体である「企業」と特定の生産関係である「資本」とは区別されるべきものである。

　野村秀和氏の指摘によると、「総資本を構成するそれぞれの個別資本は、従来までは、個別企業と同じものとみなされてきたか、または、この区別が、それほど重要とは考えられていなかった。しかし、資本主義が独占段階へ『発展』するにともない、個別資本が自らの資本蓄積のために、個別資本と個別企業の違いを意識的に活用するようになってきた。したがって、分析視点として、個別資本と個別企業は、その本質的な資本蓄積上の役割や性格を、概念上、明確に区別しなければならなくなってきたのである」[88]。

　こういうケースは独占資本系列下の中小企業に多い。筆者の直接知る範囲でも、繊維会社ユニチカは染色会社大阪染工の株式を取得したうえ、従

業員を別会社に移して工場敷地を売却した。総合商社伊藤忠商事は同じく染色会社大阪ニット染工の株式を取得して工場を閉鎖し、跡地にマンションを建てた。この場合資本と企業との立場は明らかに違う。資本にとってどの方法がより大きな利潤をもたらすかということと、「協働体」としての企業にとって時流の変化に合わせてどう生き残るかということは別のことである。このような例は枚挙のいとまがない。

　これに反して中小資本が所有する中小企業の場合は、通常は資本の立場と企業の立場とは一致する。しかしそれでも、国内の工場を閉鎖して海外に工場進出する場合とか国内の工場跡地に賃貸マンションを建てる場合とかでは、資本の立場と企業の立場は相違する。持ち株会社が公認されるようになって以後は、大資本と大企業との間でもこのことは充分考えられることとなった。一定数の人間の「協働体」としての企業と、それを利用して利潤を実現する資本とは区別されなければならない。

　一定数の人間の「協働体」としての企業と人々が日常的な生活を営む地域とを結びつける場合、企業から地域をみるのではなく地域から企業をみるという立場が重要である。そもそも人々が個人としてばらばらに市場的な行動をせず「企業」として非市場的に結びつくのは、それが生産性を高め生産力をより発展させることができるからである。ある1つの商品を生産するのにa、b、c3つの工程があるとしよう。これをA、B、C3人の労働者が別々に生産してそれぞれ工程間で市場取引をし、最後の工程を担うCが完成品を販売することも可能である。しかしこれでは取引コストが高くなり結局商品の価格が高くなる[89]。またA、B、C3人が同じ商品を生産するにしても、別々に生産するよりも共同して生産する方が、設備を共同して利用できるなど効率性は高まるであろう。どの程度の分業と協業がもっとも効率的であり生産性が高いかということはその商品の市場の規模と位置関係で決まる。つまり、「企業」がどの程度の規模でどこに立地しなければならないかということは基本的には市場との関係で決まる。

　市場としての地域の特性といっても、もちろんそれは消費市場としてのそれだけではなく資源市場としてあるいは交通の便その他の地域の特性も含めて考えられなければならない。ただたんに企業が利潤をあげていくの

に、その周辺の地域で商品を販売する市場を充分確保できるか、材料を購入するのに便宜がいいか、従業員は容易に採用できるか、等々の観点からみるのではなく、逆にその地域の特性をその企業の販売、仕入れ、あるいは雇用に生かせるかどうかという観点からみることが大切である。「企業」というものは一方では地域の特性を生かす手段として、他方では人々の消費欲求を充足する手段として考えられなければならない。この点で「企業」を利潤獲得の手段と考える資本の立場とは対立する場合がある。

　企業と地域を結びつける場合にもう一つ重要なことは、消費者の立場に立つということである。従来は生産中心・労働中心という考え方が強かったのであるが、人間には生産しない人間・労働しない人間がおり、あるいは生産しない期間・労働しない期間はあるが、消費しない人間・消費しない人生はあり得ない。もっと消費というものを中心にして考えてもいいのではないか[90]。地域というものを考える場合、その地域でどのような産業を興し地域のなかでいかに循環させるかを考えるのではなく、まずその地域の人々が何を欲求し消費するかそれを他の地域からをも含めてどのように供給するかということを考えるべきではないか。そしてその地域の特性を生かして「協働」し、その地域内または他の地域に供給することによって全体としての循環をはかるべきであろう。

　ところで消費というものを考える場合、「気まぐれな消費」といわれるように必ずしも合理的なものではなく簡単に資本によって操作されるものと考えられている。欲望は絶えず新しいもの、刺激に富んだものを求めるものである。それは無限に拡張していく。そして資本主義社会ではそれは商品のかたちをとる。この「商品」をめぐって、一方で企業が消費者の欲望を開拓し、他方で消費者が企業に新たな利潤機会を提供する[91]。こうして、消費者の欲望が資本によって操作される可能性が生まれ、隣と同じような消費がしたい、またより上流にみられたいという「ミエ」の消費が生まれる。しかし、消費がもともと人間の生存欲求・向上欲求に根ざすものであり、またその多くが自ら働くものがその労働の対価との交換によって需要されるものであることを考えると、操作は一定の限度に限られる。

　「一般的にあらゆる人間社会は基本的生存水準以上の生産力を持ってい

るのである。その意味では生産は常に『過剰』なのだ。……『消費』とは何よりも『浪費』つまり過剰なものの処理である」[92]。しかし、基本的生存水準以上の生産力はすべて過剰なのだろうか？基本的生存水準以上のものはすべて浪費なのだろうか？そうではないだろう。同一規格品を大量生産するほど価格が安くなる大工業生産方式が問題なのであって、この生産方式のもとでは、多様な欲求に合わない商品が大量に生産される可能性が大きくなる。個人差のある欲求に合う商品をつくるコストよりも、出来た商品を広告宣伝によって売りつけるコストの方が小さいからである。

　われわれは、あまりに「豊かな社会」に生活しているがゆえに、消費の本来の意義を忘れさせられている。消費のもととなる欲望はけっしてたんに主観的なものではない。その基礎には人間の生存と向上に不可欠な欲求がある。人間は飢えたときに食べ物を求める欲求が起きなければ、乾いたときに水を求める欲求が起きなければその生命を維持することはできない。人間はこの生命維持欲求を基礎として多くの生活向上欲求を発展させるのである。ところがこの欲求が主観的な欲望として表されるとき、そしてその欲求が生命維持欲求から離れるにしたがって欲求が擬制化され操作される可能性が生まれる。ときどき社会問題化する「利殖商品」による詐欺事件は別としても、セックス産業やギャンブル産業はその典型的な例である。

　消費者には、「企業」によって真に自己の生存欲求・生活向上欲求を充足できる商品・サービスが供給されるべきである。しかし現実には必ずしもそうはなっていない。消費者には、供給される商品・サービスについて十分な情報が提供されなければならない。それには法的な規制も必要であろう。それ以上に生産者・販売者に対する監視、批判が必要である。そのためには、消費者にその商品・サービスが自己の欲求に合致するかどうかを判断できる評価能力がなければならない。この能力は、社会の中の人と人との相互作用、交流・交通を通じて育まれる。

　その場合、「企業」の特性を表すものとして「ブランド」を考えたい。「ブランド」といえばまず有名大企業のものを思い浮かべるのであるが、筆者は「ブランド」を必ずしも独占とだけに結びつけたくない。もちろん、「ナショナルブランド」にしても「プライベートブランド」にしても大部分は

独占企業によるものでありその販売政策を支えるものであるが、しかし中小企業でも自分の商品に「ブランド」を付け消費者にメッセージを送りたいと思っている。

　農産物でもそれを生産した人の顔写真がついているものがある。これも立派な「ブランド」である。実際には、消費者との間に問屋が入りまたは自社が製造工程の一部分しか担わないために、「自社ブランド」を確立することは難しい。それでも自社の技術を差別化し高品質を維持することによって自社の評判を高めたいと努めている。これが「ブランド」の原点であろうと思う。どんな小さい企業にも「ブランド」はある。少なくともその基本になるものはある。たとえ下請け企業でも、注文を受けることができるのは他社と違った何かがあるからである。

　近年、大企業の有名「ブランド」でその管理のずさんさから評判を落としている事件が多発している。自己の責任で食中毒が発生したにもかかわらずすぐに製品を回収しなかった「雪印乳業」に対して、かつて一点だけ犯人に毒物を注入された目薬を即日全品回収した「参天製薬」があった。牛肉の産地ラベルをはりかえる企業の多いなかで、稚内の牧場では全頭の牛のえさの履歴を管理して奈良県の生協に供給している。

　ICT の発展に伴って消費者と生産者双方向で情報を伝達する可能性は増大している。これが農漁業や中小企業にとっても生きる道であり、その「ブランド」を確立する方法ではないかと思う。

## Ⅲ　グローバルに生きる資本と地域に生きる個人

　人間の能力には労働能力と享受能力とがある。労働能力は企業において自然に働きかけより多くの効用より高い効用を生み出すことに凝集し、享受能力は地域においてより多くの効用より高い効用を享受することに凝集する。

　資本は本来グローバルなものである。世界中一番安い価格で購入できるところで購入し一番高い価格で販売できるところで販売する。それによって多くの効用が生み出されより多くの欲求が充足されるとすれば、それは

それで基本的には合理的なことである。問題はグローバル化によって価格とコストのみが追求され、生産が本来持っていた自然との結びつきが失われ、地域に生きる個人の豊かな生活が損なわれる場合があることである。

一般に資本は収益性を基本とするからいわゆる「支払い能力のある需要」を対象とする。しかし人々の欲求には「支払い能力のない欲求」もある。経済学では「支払い能力のある需要」を供給といかに調整するかということも大切ではあるが、この「支払い能力のない欲求」をどう充足するかということも重要である。

これには二つあって、一つは「貨幣がないので充足されない欲求」でありこれは何らかの所得分配の修正によって解決をはからなければならない。主としては社会保障に関わる問題であり、国際的には発展途上国援助の問題である。もう一つは「貨幣では買えない欲求・支払いになじまない欲求」であり、たとえば無駄なものを省きたい、廃棄物を減らしたい、地球環境を守りたいという欲求である。これには何らかの公共政策が必要であり主としては環境政策に関わる問題である。

このような欲求をも含めて、地域の住民は企業に何を要求すべきなのか、あるいは要求すべきでないのか。収益性を基本とする商品としての需要と必要性を基本とする労働生産物への欲求とは別のものである。本当に必要なものは何か。大販店・コンビニにあふれんばかりある商品のみがけっして豊かさの象徴ではないのである。

そもそも労働生産物は人間の労働のみで生産されるものではない。自然の力と人間の労働との協同によって生み出されるものである。人間の労働は自然の中に潜んでいる人間にとっての有用性を引き出すにすぎないのである。近代以前においては、ものの「価値」を生み出すのは主として自然の力であるという考え方が主流であった。人間の力、人間労働の生産力に比べて自然の力が大きかったからである。

アダム・スミスの時代になって、「国富」の源泉は労働であるという考え方が主流になるにしたがってもう一つの源泉である自然の力の方は忘れられていった。それは当時人間労働の生産力が急速に進歩し旧来の自然の生産力を圧倒するように見えたからである。また自然も人間労働の生産力

の拡大を受け入れるだけの広さと豊かさをもっていた。世界には未開拓の広大な土地が残されていた。スミスが「国富」の源泉は金銀などの貨幣ではなくそれを獲得する労働であるとしたのは正しい。しかしそれはあくまでも交換価値の源泉であり、それがそうであり得るのは使用価値のもう一つの源泉である自然がすべての人々の共同のものになっているか、自由に個人のものにするだけの広大な自然が存在しているかを前提とするものである。

その後人間の労働の生産力が発展するにしたがって自然は相対的にますます狭隘となった。その一つの現れが全世界で資源を争奪する帝国主義戦争の発生であり、もう一つの現れが地球環境問題の発生である。われわれはとくに 20 世紀において大量生産・大量消費によって生活を向上させてきたが、いまや大量生産の前の大量採取や大量消費の後の大量廃棄の問題を取り上げざるを得ない時点に立たされている。生産とか消費とかの問題は価格と貨幣で解決するかもしれないが、その前の採取や後の廃棄の問題は自然との関わりの問題であり必ずしも価格や貨幣で解決されない。それというのも価格や貨幣つまり交換価値の問題には自然の力を評価する観点がないからである。

自然とそこからうまれる資源は貨幣の多少に関係なく平等に分配されるべきものであり、大量採取・大量廃棄によって自然を損なうものはそれを復元するために相応のコストを負担すべきものである。なぜなら人間の労働が自然から取り出す有用性は、自然が持っている多様な属性のうちの一つの属性だけを対象としている場合が大部分であり、自然的な過程に存在している全機能連鎖のうちの一つの鎖の環が有用なものと見なされるのであるが、この部分が取り出されて消尽されてしまうと、機能連鎖全体が損なわれざるをえないのである[93]。人間が生活し消費するということは自然を大なり小なり損なわざるをえない。われわれはそれをできるだけ復元して、持続的な生活・持続的な消費を可能にしなければならない。

地域から企業をみるということは、まずその地域を取り巻く自然環境を重視するということである。そしてそこで生活する人々の暮らしとその中で育まれた文化を大切にするということである。そうすると、企業として

どのように生産しどのように販売することが必要なのかは自ずから明らかになってくる。

　まず大量生産大量販売によるコストダウンという道には別れを告げることである。バブル崩壊後の不況以降街には安い商品が満ちあふれている。100円ショップにはこんなものでも100円でできるのかというものが売られている。通信販売などではまとめて買えばいくらという商品が多い。これらの商品はまず先に売値が決められている。それにコストをあわせて商品がつくられる。その結果品質が落ちる場合がある。たとえ商品が壊れたとしても、100円だからまあいいかとか100円だから文句もつけられないということになる。また当然大量販売が求められる。一つしか要らないものでもついまとめて買ってしまう。これらは自然からの資源の採取という面を考えると明らかに無駄な側面があり、全体的なコストとしては高くなっているはずである。

　それには高付加価値の商品をつくることである。高付加価値という言葉は都合のいい言葉でいかようにも解釈できるものであるが、労働が自然から有用性を引き出すものであるという観点からいうと、同じ素材から人々にとってより多くの有用性を引き出すことである。何を有用と考えるかは個人によって差異があるからできるだけ個別の嗜好に沿うように商品をつくるということになる。それには当然手間暇がかかる。個別の嗜好を調査するのに人手と時間がかかり、その嗜好にあう商品を工夫するのにも人手と時間がかかる。したがってコストが高くなるが、自然からの資源の採取は相対的に少ない。それにともなって廃棄物も少ないはずだから全体的なコストは低くなる。

　もう一つは、商品をつくるよりも直接人々の欲求を充足することに力を尽くすことである。人々の欲求の中には、商品を購入しそれを消費することによって充足されるのではなく、直接なにかサービスをしてもらうことによって充足されるものがある。子供を遊ばせるとか、病人を病院へ連れて行くとか。近年そういう欲求が増えている。いわゆる「地域マネー」にカウントされるようなサービスである。従来はこういう欲求は家族や地域の助け合いによって充足されてきたが、それも近隣関係の希薄化や単身家

族の増加などによって難しくなってきた。これを市場関係に乗せ企業によって担わせることは積極的な意味がある。商店街によって、高齢者家族に食事の宅配をしている例がある。その材料として商店街の店の売り上げも上がる。弁当をつくるための雇用も生まれる。いずれにしてもこのような場合は、生産または販売が直接需要や消費と結びつくので、先に述べたような生産と消費との乖離によるロスは少なくなる。

このような地域の住民の欲求を充足させることによって仕事を起こし、それを基礎にして循環させるのに、「企業」というのは現在の段階においては有力な手段である。

## Ⅳ　地域の公害問題と中小企業

筆者が最初に就職した染色工場は大阪市都島区の住宅地のど真ん中にあった。住工混在もいいところである。工場の壁は隣の住宅と接していてまわりは直接道路であった。荷物の受け渡しで道路が渋滞すると社員が通行者に工場の中を通ってもらうこともあった。交通渋滞をはじめ近隣の住民の苦情が絶えなかった。もちろん、工場は1919年に建設されたものでその頃はまわりに住宅はほとんどなかった。汚水を近くの川に流しても何ら問題はなかった。みんな後から建った住宅なのだが、そのような言い訳は通じるはずもない。公害問題というのは、最初は住民が直接受ける被害から始まる。工場の騒音、生地を脱水する時の振動、薬品による悪臭、交通渋滞等々。次いで官庁の指示による規制に移る。BOD・CODによる水質汚濁規制、SOX・NOXによる大気汚染規制等々。筆者はその担当だったので苦情を受けるたびに、せめて塀のある工場で働きたいとつくづく思ったものである。

三重県の工場用地を見て、ここへ来れば住民の苦情からはすべて解放されると思った。そして、今後工場を新設する場合には、このような最初から計画された工場用地でないと不可能だと考えた。都島工場は80年以上も存在したが知名度は低かった。求職者を案内するのにも一苦労した。三重工場は設立間もなくでも「菰野工業団地」の会社と言えばすぐ通じた。

それだけ地域に密着しているということである。「工業団地」ではなかったが、岐阜県笠松町の岐阜工場でも同岐南町の岐南工場でも同じであった。住工混在といっても都島工場ほどひどくはなかったし苦情もほとんどなかった。小売業やサービス業はともかく工場となると住工混在ではやはりまずい。「工業団地」が必要である。

　地方自治体が工業団地を造成して企業を誘致する場合、ともすれば有名な大企業に一括して譲渡しようとする。かつて多額の補助金をつけてシャープの工場を誘致した三重県の例があった。しかしこれは大変危険な道である。大資本はその工場で利潤が上がらなくなった場合には容易に撤退する力を持っている。山形県の酒田市では住軽アルミニウム工業のアルミ精錬・圧延・加工の一貫工場を誘致したが、アルミの採算が悪くなると数年で撤退してしまった[94]。いまは廃工場を分割して中小企業に賃貸しているとか。

　福井市の東北部に福井県が造成したテクノポート・フクイという広大な工業団地がある。重量製品を運ぶために大型の港湾施設まで併設したが全然利用されず、たまにそこで魚釣りをする人がいて100億円の釣り堀だと揶揄されている。実際は100億円どころか500億円以上かかったと言われている。福井県には多くの原子力発電所が立地されていて、県庁は電力会社に圧力をかけることができるのでいったんは電力会社に無理やり買わせていたが、それもいつまでもというわけにもいかず分割して中小企業にも分譲することになった。下水道が整備されているので、廃水処理に悩む和歌山市の化学工場が多く移転してきている。

　これに対して山形県の長井市では、市内の工業高校の生徒の技能検定に力を入れそれを武器にして東京から若手技能工の不足に悩む中小企業を誘致している。こういうことは手間暇のかかることではあるが、中小企業の場合はいろいろな業種がありすべての工場が同時に撤退することはあり得ない。またその代替も容易である。雇用面も安定する。

## V 「日本型企業社会」と企業のオープン化

　企業が自然を重視し人々の暮らしと文化を大切にすることを志向するならば、収益性と効率性を基本とする資本の論理とは矛盾する場合がある。この矛盾をどこでうち破ることができるのかは大きな課題である。中小企業問題という言い方がある。消費者問題という言い方がある。あるいは地域問題という言い方がある。いずれも資本主義社会を前提として、そこで発生している問題を解決しようとしている。それも重要ではあるが、中小企業経済学、消費経済学や地域経済学の課題をそれらに限定してはいけないのではないか。資本主義社会が未来永劫継続するという考え方に立たないのであれば、資本主義社会をどう転換するかという展望も入れて考えないと当面の問題も解決しない。

　「日本型企業社会」という言い方をされることがある。最近はそれが崩れつつあるともいわれる。しかし「企業」そのものを壊すわけにはいかない。なぜなら、「協働体」としての「企業」は考えられる一定期間の将来においては必要な存在であるからである。この場合壊さなければならないのは、収益性や効率性など資本の論理をすべてに優先させる「企業中心社会」であり「企業」に関わる特定の関係者だけを優遇する「日本型」である。

　「日本型企業社会」をどう転換するか。各国の資本主義には当然共通性があるが、またそれぞれ個別的な特徴もある。アメリカ資本主義の特徴である株主資本主義に転換すべきだという意見も多いが、それは日本社会には適合しないように思われる。すでにその兆しは現れている。また資本の活動をある程度規制する「ヨーロッパ型資本主義」あるいはその一つの実例であるドイツ資本主義、スウェーデン資本主義などに学ぶべきであるという意見もあるが、日本資本主義の問題はただ資本の活動を規制する方向だけで解決されるものとは思われない。

　日本資本主義の特徴であるステークホルダー（利害関係者）資本主義を全面的に否定する必要はない。「日本型企業社会」の問題はステークホルダーが企業内部とその特定関係者に限定されているところにある。これをもっとオープン化する必要がある。だからむしろ古い規制・慣習を撤廃し

て資本の活動を活発化する側面も必要である。この場合、オープン化というのはいわゆる財務諸表の公開に関わる問題だけを言っているわけではない。もちろんそれも重要な要素ではあるが、もっと実態において企業の内容がすべての利害関係者にオープンにされることである。誰でも同じ条件でその利害関係に参加できることが必要である。

このような「日本型」の特徴について二つの考え方がある。一つはそれには前近代的なものが残存しているのだという考え方である。前近代的なものとは何か。

『大月経済学辞典』によれば、「すべての前近代社会が社会的編成の基礎にもつ自然生的ないし歴史的な結合組織」としての共同体について次のように説明している。「その存在の必然性は前資本制的生産力の性格と低位性に規定される。資本の原始的蓄積によって最終的に解体する人類史上に普遍的な社会的結合の形態であるが、一般に構成員間の相互依存性や民主性とともに非構成員に対する差別性・排他性を特徴とし、したがって社会的結合の範囲は狭隘で直接的・人格的な性格をおびていた。歴史具体的には多様な形態があるが、一般に原始的無階級社会の自然生的・血縁的共同体と階級社会以後の歴史的・地域的共同体とに大別される」。

第2次世界大戦前の日本において、とくに農村においてはこのような状況が存在していたことは確かである。終戦直後には大阪近郊の農村においても、旧小作人は地主の家へ行っても絶対に土間から上へは上がらなかったことを見聞している。しかし「農地解放」の進展とともにこのようなことは徐々になくなっていった。そして、その後の「高度成長」と新卒者や季節工の都市集中による民族大移動によって、農村にも資本主義的関係が浸透していった。すでに先進資本主義国にまで発展したわが国において、戦前の前近代性がそのまま残存しているとはとても考えられない。民族大移動は戦前の地縁血縁を破壊してしまった。もはや都市の労働者は帰る田舎を持たない。リストラにあったからといって農民にはなれないのである。

研究によれば[95]、「日本型企業社会」やその象徴的出来事である「現代の過労死」は、むしろ「高度成長」が終わって販売が行きづまり多様な商品をよりフレキシブルに供給しなければならなくなった1970年代後半

以降に現れたものである。もちろんそれ以前にも過労死はあった。しかし、それは単純に賃金が低く普通に働くだけでは貧しくて食えないから、長時間働くことによって何とか生活しようとがんばった末の過労死であった。終戦直後子供を多く抱えた戦争未亡人（夫を戦争によって奪われた女性）などに多くみられた。サービス残業しながら過労死するというようなことはあり得なかった。

　「現代の過労死」はこれとは違う。彼らは自らが属する利害関係者集団の利益のために「死ぬまで働く」のである。注目したいのは彼らの集団は前近代社会のように血縁や地縁によって結びつけられているわけではない。あくまでも契約によって結びつけられている。経済的利害によって結びつけられている。しかしその契約はいったん結ばれると簡単に解除できない。なぜか。それは契約を継続するか解除するかによって大きな経済的利益の格差があるからである。それが「日本型」の内容である。

　「日本型企業社会」に属する労働者は、競争のうえ自ら進んで特定の利害関係集団に属する。しかしいったん特定の利害関係集団に属すると構成員間の相互依存性と非構成員に対する差別性・排他性によって集団から離脱すると大きな経済的損失を被る。だからなんとしても特定集団に残るために「死ぬまで働く」のである。サービス残業にしてももしそれを拒否して集団から離脱すれば、今と同じだけ残業をして手当がついたとしても、その単価が低いゆえにいくら働いても現在の収入は得られないという関係になるのである。

　「日本型」についてのもう一つの考え方は、日本資本主義はルールなき資本主義であり資本の論理が過剰に貫徹しているというものである。しかしわが国にルールがないわけではない。わが国には憲法をはじめ個人の権利を守る立派な法律がたくさんある。問題はそれらが特定の利害関係者の間で暗黙のうちに無視され損なわれていることにある。なぜそうなったのか。それにはいわゆる「日本的経営」というものが大きな役割を果たしている。「日本的経営」については終身雇用、年功序列、企業別組合が３つの柱だと言われている。これらは昔から日本にあったわけではなく、戦後日本資本主義が再建される過程において資本によって確立されたものであ

る。

　ここで指摘しなければならないのは、たとえば「終身雇用制」にしても
すべての労働者に終身雇用が保障されていたわけではない。それが保障さ
れていたのは公務員や大企業の正規労働者だけであった。全労働者の数か
らいえば３割にも満たないであろう。これらの労働者は仲間のルールに従
っておれば終身雇用が保障されていた。そして年功序列にしたがって賃金
が上昇していった。もちろんそれには昇給を査定する人事考課、それも仲
間のルールに従わせるため集団に対する忠誠心を最重視する情意考課が課
せられていた。そしてこれらの労働者が企業別の労働組合に組織されてい
たのである。彼らは日本の中では相対的にまだ恵まれた労働者なのである。
ここで仲間のルールというのは何なのか。仲間とは同じ企業に属している
ということである。企業と企業との間では競争が行われる。競争に勝つこ
とが最高の価値でありそれに貢献するのが最高のルールである。それに守
るためには法律さえも破られる。最近でこそ法令遵守というようなことが
いわれるようになったが、逆にいえばそれほど法令無視が行われてきたと
いうことである。

　それでも経済の成長が続いていた間は、これらの仲間の間ではそれなり
に賃金も上昇し生活も向上していた。また中小企業の労働者や非正規労働
者の間でもそれに引きずられて程度は遅れながらも賃金の上昇や労働条件
の改善が行われた。つまり分断されていてもそれなりに個別の利益を守る
ことができた。いまやそのような時代は終わった。公務員や大企業の正規
労働者が春闘でがんばっても、中小企業や非正規労働者には、定期昇給や
ボーナス　は金額がいくらになるかというよりもそもそも定期昇給やボー
ナスがあるのかないのかという時代になった。そしてそれがまた公務員や
大企業の正規労働者の足を引っ張っている。年間１兆円を超える利益を上
げているトヨタの労働組合がベースアップの要求をしないという年さえあ
った。

　「日本型」とは何なのか。それはたんに前近代的なものが残っている
ものではない。またたんに資本の論理が過剰に貫徹しているものでもない。
つまりこのまま進んでゆけばいずれは消滅し、あるいは逆流が起こって資

本のルールが確立し規制されていくものではない。今の「日本型企業社会」は戦後50年かけて日本資本主義が日本の風土に合わせて苦労して作り上げてきたものである。だから簡単に崩れるものではない。ただ、戦後の高度成長を支え少なくとも80年代までは有効に機能してきた「日本型企業社会」が有効でなくなってきたことは事実である。むしろ資本にとっても害悪をもたらす面が多くなってきた。資本の立場からも何とかしなければならなくなってきたのである。

　「日本型企業社会」をどう変えるか。何よりも狭い利害関係者の枠を突き崩すことである。企業では経営者と幹部社員とせいぜい正社員の利害を第一に考える。つまり競争によって経営者にまで昇進できる抽象的可能性がこの利害関係を支えている。官庁では我が役所の利害を第一に考える。これもそれぞれの立場で退職後の天下りまで面倒をみてもらえる抽象的可能性がこれを支えているのである。この枠を突き崩す場合に重要なことは、資本の立場ではなく一人一人個人の立場、商品・サービスの需用者である消費者に奉仕する立場で考えることであり、日本固有の風土というものも重視しなければならない。外国でうまくいっているからといってそれをそのまま流用するといったことをすれば必ず失敗するであろう。そのためには日本の経済日本の社会を事実に基づいてよく分析することが重要である。

# 第9章　重層消費社会と中小企業

<目次>
Ⅰ　はじめに
Ⅱ　階層分化説と個性的高級化説
Ⅲ　重層消費社会とは何か
Ⅳ　重層消費社会と中小企業
Ⅴ　おわりに


## Ⅰ　はじめに

　大量生産＝大量消費社会が、1970年代前半の第1次石油ショックの後に崩壊したことはおおかたの了解が得られるのではないだろうか。それでは、そのあとに登場した社会はどのような社会であろうか。私はそれを重層消費社会と名づけたいと思う[96]。その理由については2-3節で説明する。その社会のなかで、中小企業はどう対応したらよいのだろうか。それが本章の課題である。

　1970年頃から、新しい住宅が現れた。いわゆる「団地」である。対面のキッチンと家族が囲む食卓。それは高い椅子に囲まれていた。あたかも食堂で外食するように。サイズは「団地サイズ」といって一回り小さかったが、私たちにとってはあこがれの新しい家族生活であった。21世紀の住宅はかくあるべしと思われた。ところが欧米からは「ウサギ小屋」と非難された。そんなことはあるまいと思っていたが、5階建ての棟にはエレベータはなかった。いまでは1階はすぐ埋まるが5階の入居者はいない。「団地」はさびれている。

　「三種の神器」と呼ばれた洗濯機、掃除機、冷蔵庫は、いずれも電動のものが急速に普及した。これらは普及率がきわめて高かった。三種の神器はほとんど100％、次の3C（color television、cooler、car）もかなりの普

及率であった。その後も生活を豊かにする多くの商品が普及していったが、その普及率は徐々に低下していった。大量消費社会の後に普及した商品はどのような商品であったのか。それを消費する社会はどのような社会であったのか。

消費を支える二つの要素として「消費者の欲求」と「購買力」が考えられる。大量生産時代に比べても確かに所得の格差は拡大しているが、全体としての自給自足の要素よりも「購買力」が大きくなっていることは間違いないであろう。問題は、「購買力」と比較してあるいはそれと並行して「消費者の欲求」がどうなっているかである。それを検討してみたい。

## Ⅱ 階層分化説と個性的高級化説

ひとつは、小沢雅子氏が『新「階層消費」の時代』で主張した「階層消費」社会という考え方がある。

小沢氏は『新「階層消費」時代』のなかで、次の三つのことを予想した。

（1）1970年代前半までの高度成長の時代には、勤労所得の上昇率が、資産所得の上昇率よりもはるかに高かったけれども、70年代後半以降は、両者の上昇率格差は縮小し、場合によっては資産所得の上昇率の方が、勤労所得の上昇率よりも高くなる。

（2）70年代後半以降は、70年代前半に比べて、勤労所得の個人間格差も、資産所得の個人間格差も、ともに、大きくなる。

（3）70年代後半以降は、70年代前半までに比べて、個人間の所得格差が拡大するので、所得格差が、個人のライフ・スタイルの与える影響が大きくなる[97]。

いまでこそ当たり前のように思われるかもしれないが、「一億総中流化」をめざし、それが可能であるかのように思われていた当時は、画期的なことであった。

そして、二つの仮説を提示している。一つは、個性的高級化説であり、それは、「消費者は各々、消費の一部分だけに、高級化欲求の対象を絞る。各消費者の高級化部分は、それぞれの個性によって異なる」というもので

ある。もう一つは、階層分化説であり、それは、「消費者は、経済力の大小によって階層に分化する」[98]というものである。そして、小沢氏としては、因子分析により後者の階層分化説を採る。

その基軸になるのが、金融資産残高および財産収入であり、金融資産の大小が消費を決める新「階層消費」の時代がやって来たと言う。しかし、金融資産残高や財産収入の多い階層の購買単価が他の階層より高いのは当然であるが、決してすべての商品について同じように購買単価が高いわけではない。比較的ステータスシンボルとなるような商品について価格差が大きく、その中で購買単価の高い商品が購買され、あるいは購買頻度が高いのである。小沢氏が挙げられている例でいえば、牛肉、ハンドバックなどの装身具、美容などである。

いずれにしても、画一的大衆消費の時代は終わり、消費市場は二次元的細分化が始まる。二次元的というのは価格面と商品の種類においてである。したがって、供給面でのスケール・メリットは縮小し、消費者サイドと供給サイドとをつなぐ情報へのニーズが高まる。そして、「情報の価値は、その情報を知っている人が増えれば増えるほど低下する。したがって、情報メリットを享受しつづけるためには、常に新しい情報を追い求めなければならない。スケール・メリットを競った大衆消費の時代のキャッチフレーズが『大きいことは、いいことだ』であったとすれば、情報メリットを競う新『階層消費』時代のキャッチフレーズは『早いことは、いいことだ』となるのであろうか」[99]と結んでおられる。

新「階層消費」の新については、とくに説明はないようだが、戦前の「階層消費」に対して大衆消費を経た後の新しい「階層消費」ということであろうか。

これにたいして、「階層消費」を全面的には否定しないがそれだけでは消費の高級化を説明できないとして、さきの個性的高級化説を採るのが井原哲夫氏である。井原氏は、「消費構造を変える基本的要素は、所得増加、価格体系の変化、欲求体系とその変化ということになる」[100]と言う。それによって、高度成長期が終わって以後次のような変化が現れた。

「第一に、これまでは『どこの家庭でも買った』という商品が主流であ

ったのが、低い普及率で頭打ちになってしまう商品が目立ちはじめたことである。第二に、それぞれの商品の価格帯が広がってきたことである。二極分化といってよい。第三に、人々が個性化指向を強めた結果、商品の多様化が進んだことである。そして四つ目が、消費支出の中でサービス消費の割合が上昇する『消費のサービス化』という現象である」[101]。

「所得が増えなくても、その中の一定割合をストックの積み増しに使えばストックはふえる。この原理は商品の多様化と密接な関係をもつのである。初めて背広を購入したときのことを思い出してもらいたい。無難なデザインのもので紺ではなかったろうか。けっして、個性的とはいえないものである。これは、選ぶ能力がなかったこともあるが、一着の背広に汎用性を期待した面も大きかっただろう。ビジネス用にも、フォーマル用にも、またデート用としても使える必要があったのである。ところが年に一着ずつ購入した結果として、三着、四着、五着とふえていくと、汎用性からの脱却が可能になっていく。現実にストックの形をとらなくても、同じようなことがおこる。はじめて旅行に行く先はだいたいが有名観光地である。年に一度しか旅行に行かなくても、年を重ねるにつれて旅慣れてくる。そして個性的な旅先をさがすようになるのが普通である。特定の消費の回数がふえるということは、その過程で能力が身につくことでもある」[102]。

## III　重層消費社会とは何か

消費水準が上昇するのにともなって人々が個性化指向を強め、その結果商品の多様化多品種化が進む社会を、私は「重層消費社会」と名づけたい。それは単に所得の階層化によって消費が階層化するというだけでなく、個人の嗜好とその階層によって選ぶ商品の種類とその消費のレベルが相違するという社会である。いわば、「階層消費社会」と「高級個性化社会」を共に否定するものであり、消費は個性化するけれどもそれは必ずしも高級化のみを志向するものではないということである。

大量消費社会から移るのは階層消費社会ではなく、「重層消費社会」であると考える。この場合重要なことは、ニーズの多様化した分野において

は、AさんBさんCさんの選択肢は商品あるいはサービスの幅だけでなくその種類も違うということである。そしてそれはけっして上位と下位という違いではない。

ここで幅と種類ということについて考えてみよう。多様化は最初のうちは社会で認められる一定の幅の中で行われる。たとえば牛肉なら牛肉を食べる場合、単に栄養をつけるためにより多くの牛肉を食べるのではなく、より柔らかい牛肉よりおいしい牛肉を食べる。あるいは自分で料理をするのではなく、一流のシェフが料理したものを食べる。たとえばハンドバックを買う場合、そもそも手回りの小物を入れるには紙袋でもいいはずであるが、わざわざハンドバックを買う。それも材質は皮でなければならないとか、色は衣服と調和していなければならないとか、いろいろなアクセサリーがついたものでなければならないとかいうことになる。このような場合、どうしても価格が高くなるしまた価格が高く見えることも必要になる。小沢氏が「階層消費」を見いだされるのはおおむねこのような商品群である。

ところが人々の消費水準が上昇してくると、商品あるいはサービスの幅だけでなくその種類が多様化多品種化する段階が現れてくる。かつて高度成長の時代に、三種の神器といわれた洗濯機、白黒テレビ、冷蔵庫、また３Ｃといわれたカラーテレビ、クーラー、自動車などは最終的にほとんどの世帯に普及した。なぜならば、これらの商品は生活に不可欠なものでありかつ便利なものであるからである。また、これらの商品は一定以上の世帯に普及することによって他の世帯にとっても不可欠なものとなったのである。たとえば公共交通機関が衰退させられていくなかで、地方で生活するためにはたとえ小型のものであっても自動車の所有は欠かせないものとなった。

しかし、その後に現れた商品やサービスは、ウォークマンやテレビゲームのようにすべての世帯に普及するものではなかった。むしろそれらを求める人は世帯ではなく各個人であった。AさんBさんCさんでそれぞれの選択肢が分かれてきたのである。

商品あるいはサービスの幅を超えて個性化を進めるについて一つの問題がある。そもそもその幅というものは社会によって与えられるものである。

それは二つの方向で与えられる。一つは人と同じようにしたい。世間並みのことをしたい。枠からはみ出して非難されるようなことはしたくないという方向。もう一つは人と違ったことをしたい。人からよく見られたい。人から羨望のまなざしで見られたいという方向。幅もその選択する位置も社会によって著しく異なる。また、経済発展や国際化の過程の中で急速に変わるものもある。

　したがってその幅を超えて個性化を進めるに当たってその人が保守的な人か新しいものに積極的な人かが大きく関わってくる。その場合、一般的に大きく関わる属性は年代差である。新しい流行が若い世代から起こって一般に普及するということはよくあることである。しかし一方で、若いが故に経験が不足し簡単に流行に流され他人と同じようにすることで満足してしまうこともまたよくあることである。女子高校生の間ではやったルーズソックスの流行などはその良い例である。それではどのような場合に若い世代が生活の個性化の先頭に立つことになるのか。そこを考えてみたい。

　いま振り返ってみて、第2次世界大戦後の高度成長時代大量消費を担って、その先頭に立ったのはどの世代であったのか。それは明らかにいわゆる「団塊の世代」であったろう。洗濯をするには汚れたものをごしごしと手でもみ洗いをしなければよく落ちないとか、四角い部屋の隅々をきれいにするにはやはり箒でなければならないとか、親たちの世代の苦情をものともせず、敢然と新しい電化製品を使いこなしたのは核家族を形成した彼らであった。そして、カラーテレビを見、クーラーを点け、自動車で走り回る新しい生活を謳歌したのである。時代の変遷につれて社会の消費行動も変遷するのであるが、そこには必ずそれをリードする階層なり世代なりが存在するといえる。

　1980年代になると、彼らの子供の世代いわゆる「団塊ジュニアの世代」が成長してきた。子供の頃から個室をもちひとりぼっちで育った彼らは、「家族みんなで使うもの」よりも「自分一人で使うもの」を中心とする新しい生活を生み出した。「核家族」さえもぶちこわして個人中心の「家族」、いままでの意味で家族といえるかどうかわからない家族を形成した。その彼らが中心になって自分の個性にあった消費、新しい「重層消費」を担う

ようになってきたのではないかというのが筆者の考えである。

## Ⅳ　重層消費社会と中小企業

　しばしば経済学において「社会的生産と資本主義的取得との矛盾」ということが言われる。もし社会的生産が大量生産大量販売という形で行われるならば、それと資本家の指揮との矛盾はまだ少ないように思われる。生産手段を資本家が独占し、それに基づいて労働の指揮権を執ることとはむしろ整合的である。しかし、消費が個性化し需要が多様化すればそうはいかない。社会の需要を捉えるにも、それを具体的な商品の形にして生産するにも、指令に基づくマニュアルでは難しい。生産した物を売る「プロダクト・アウト」から、市場で求められている物を生産する「マーケット・イン」への転換である。

　大量生産大量販売のもとでは、規格品をまとめて大量に生産するほどコストが下がり利益が上がる。販売においても同じことである。ところが、一方消費が多様化し個性化すると、ここに大きな矛盾が生じる。大量の情報を瞬時に処理するICTはそのために発達したともいえる。かつて大ヒットをしたおもちゃの「たまごっち」はどんどん売れていた。毎日の販売個数はおそらくPOSによってきっちり把握されていたであろう。それでもブームが終わったときには3ヶ月分の在庫が残ったという。なぜか。消費者が他の商品には振り向きもせず買ったのか、それとも躊躇しながら買ったのか、他のほしい商品がなくてやむを得ず買ったのかということは、POSには現れないからである。　いまおもちゃ屋では、一方では入荷待ちの予約注文があふれ、他方ではそれとよく似た商品なのに見向きもされないものがある。もちろん、それには情報の過剰という問題もあるが、いずれにしても消費者の微妙な動向を素早くつかむ必要がある。それは必ずしもいわゆる産地直送などという消費者と直接取引するという意味ではなく、市場との情報交換が充分にされるという意味である。ここに中小企業の生きる途がある。

　このように消費動向が多様化しそれが重層的に重なっている社会では、

一つの産業が均一の水準で纏まっているということはあり得ない。繊維産業を取り上げても、その技術水準やデザインの水準が一定でありそれがわが国の賃金水準では採算が合わないから、たとえば中国へ移転しなければならない、ということにはならない。それぞれその地域でなければ生産できない製品を生産するのがむしろ正しいだろう。個性的な商品をつくるにはそれにふさわしい生産方式でなければならない。少品種大量生産は一定のシェアを確保しつつ、どこかで限界にぶつかり、より個性的な商品がつくられるようになる。またそれが日本の消費者にとってもより豊かな生活を実現することになる。

繊維産業の中にも海外へ移転すべきものもあれば国内に残すべきものもある。多くの先進国において繊維産業の輸出金額はある程度のボリュームになっている。これは他の産業についてもいえることであって、一つの産業の中で一方では輸入するものがあり他方では輸出するものがあるというのがむしろ常態である。それでなければ繊維産業に続いて造船、鉄鋼、電機産業、さらには自動車産業までもがすべて海外に移転しなければならない。それぞれの国はその発展段階に応じて次々に新しい産業を興して渡り歩かなければならないということになるが、それでは技術の継承はできない。「産業・企業の盛衰・変化が激しくなるなかで、産業そのものは衰退しても、そこで形成・蓄積された技術や文化などの知的資産すなわちノーハウは継承され、新しい産業に生かされるという視点が大切になってきている」[103]。

日本の繊維産業の場合、過去の大量生産時代の因習にとらわれてこのような視点に立てない傾向がある。東南アジアや中国を単に低賃金を利用する生産基地としてのみ見て、所得が上昇しつつある有力な市場と見ない。これらの国々の文化や伝統を研究せず、国内にばかり目を向けている。その点で参考になるのがほとんどの製品を国内でつくって世界に輸出しているイタリアのアパレルメーカーである。ルネサンス以来の自国の文化を生かした製品をつくっているから工場は国内でなければならないという。

あるいは、香港の有名デザイナーはニューヨークでは知られているが東京では無視されている。東洋という共通の文化的基盤がありながらそうな

第３部

のである。かつて繊維産業は花形の輸出産業であった。もちろんそのころ
とは産業発展のステージが違うが、重層化された国内市場を基礎にもう一
度世界に目を開くべきではないかと考える。かつてアメリカのオバマ大統
領夫人が大統領就任式で着用した衣服は日本製であったという。有色人種
にはよく適合していたのであろう。

## Ⅴ　おわりに

　さて最後に冒頭の課題にかえって中小企業の発展の方向を考える場合、
以上述べてきたような「重層消費社会」との結びつきが大切である。消費
社会は大小様々な市場が重なっているゆえ、そのなかから 技術的にもス
ケール的にも自分の身の丈にあった市場を見つけだしそれと結びつくべき
である。

　いま ICT 社会のなかで、情報技術が格段に進歩しているのだから、市
場との結びつき、消費者との結びつきは、より容易になっているはずで
ある。大分県の津久見市に「cotta」という会社がある。菓子およびパン
材料の製造業であった。2006 年に消費者を対象とした EC サイト「cotta」
を開設した。いまでは売り上げのうち消費者対象の BtoC は 40％に達す
るという。有名ブロガーに接触しその影響力・発信力を活用し、SNS フ
ォロワー数は 100 万人を超え 2014 年東京原宿に専用のキッチンスタジオ
を設立し、合計 17000 以上のレシピを提供している。プロのパティシエに
もレシピの制作を依頼している。また PB 商品の開発には力を入れ、SNS
をこまめにチェックしユーザーの意見を大切にした商品開発にこだわって
いる。PB 商品は売り上げの半分を占める。この会社の歴史は、もともと
津久見市の地場産業である石灰石から菓子の乾燥材をつくっていたころに
遡る。それがこのように発展したのである[104]。

　このように市場と結びつき消費者と結びつくことが、企業の成長ととも
にその安定をも図る道でもある。なぜなら、個々の消費者は気まぐれであ
るとはいえ全体としての消費は経済の多くの要素のうちでもっとも安定し
ている要素であるからである。

終章

# 終章 「学習」から「学び」「研究」へのシフトと挑戦
## ―わが生涯にみる労働・学習・研究のスタイルと転換点―

＜目次＞
Ⅰ　はじめに
Ⅱ　ニクソンショック・オイルショックとは何だったのか
　Ⅱ-1　ニクソンショックとオイルショックの勃発
　Ⅱ-2　手記にみる中小企業経営者のショック観
　Ⅱ-3　危機における繊維産業と中小企業経営
Ⅲ　関西勤労協と基礎研の資本論講義に学ぶ
　Ⅲ-1　関西勤労協の資本論講義における学びと物足りなさ
　Ⅲ-2　基礎経済科学研究所の資本論講義への参加
Ⅳ　「学習」を超えて　「学び」と中小企業研究への旅立ち
　Ⅳ-1　労働者の学びと研究　―基礎研にみる新たな視座
　Ⅳ-2　中小企業研究への思いと決意　―働きつつ学び研究する活動
　Ⅳ-3　夜間通信研究科の第三学科ゼミに参加
　Ⅳ-4　オイルショックにおける染色工場の対応
Ⅴ　中小企業研究の歩みと新たな画期
　Ⅴ-1　中小企業研究の歩み .
　Ⅴ-2　「人間発達の経済学」との出会い
　Ⅴ-3　その後の研究の進展
Ⅵ　バブルとその崩壊期における研究の模索
Ⅶ　企業・地域・自分史への新たな視座と研究の広がり・展開
Ⅷ　研究の深化・洗練化・体系化―「働学研」での研鑽と挑戦
Ⅸ　おわりに　―92歳の初出版に向けて

## Ⅰ　はじめに

　2024年2月22日、東証の日経平均が1989年のバブル期の高値を突破した。大和証券の専務はその年の入社だそうで、バブル崩壊を実際に経験した人は少なくなっている。若い人は、今の状況が当時と同じ状況だと

思っているかも知れないが全然違っている。1973年のオイルショックや1940年代の戦争を経験している人はさらに少ない。筆者は生涯で4つの大きな危機に直面したと考えている。最初は1940年代の戦争と敗戦。第2は1970年代のニクソンショックとオイルショック。第3は1980年代から90年代のバブルとその崩壊。そして最後は今回のウクライナ戦争である。

　いま、筆者がこの4つの危機のそれぞれについてどのように対応したかを詳細に論じるわけにはいかない。筆者の生涯において、とりわけ大きな転換点となったのは、第2の危機（ニクソンショックとオイルショック）である。それにどう対応したか、また筆者の仕事と研究にどのようなインパクトを及ぼしたのか。そこを起点にして、筆者の研究の歩みとその画期について考えてみたい。

## II　ニクソンショック・オイルショックとは 何だったのか

### II - 1　ニクソンショックとオイルショックの勃発

　ニクソンショックは、1971年8月15日に起こった。いまや経験していない人が大多数を占めているし、歴史の記憶からも薄れている。

　アメリカ合衆国による戦後世界経済史上最も大胆なドル防衛策は、ニクソン大統領によってアメリカ時間1971年8月15日午後9時に発表された。日本時間では翌16日午前10時であり、これがいわゆるニクソンショックである。

　ドル防衛策の骨子は国際面では、

　①ドルと金との一時的な交換停止。

　②ドルと他の通貨との為替レート変更で各国と協議。

　③10％の輸入課徴金。

　④対外援助の10％削減。

　国内面では、

　①賃金、物価を90日間凍結。

　②連邦支出の47億ドル削減。

③73年度実施予定の個人所得税減税を1年間繰り上げ実施。

④自動車消費税の廃止。

⑤投資税の控除。

⑥生計費閣僚委員会を設置し長期的な賃金・物価安定策を作成する[105]。

## Ⅱ−2　手記にみる中小企業経営者のショック観

筆者は1953年に一中小企業（繊維品の染色工場）に就職し、主として経理を担当していた。当時は経営の一部も担っていた。以下当時の日記によって振り返る。

1971年8月16日「アメリカがドルと金との交換を停止した。併せて輸入に10％の課徴金をかける。いよいよ来るべきものが来た。その影響がどんな形になるかよくわからないが、これによって景気の回復はさらに遅れるだろう」。会社は輸出品の加工も受注していたが、染色は基本的に委託加工なので為替相場は直接には関係はなかった。しかし筆者自身は、為替相場とか金の価格についてはずいぶん前から関心を持っていた。

日本円はその後しばらく世界でただ一国だけ為替市場を開いて懸命に支えていたが支えきれず、結局8月27日に変動相場制に移行した。9月2日「円切り上げを単に不況という面だけで見ないで、これを激動期と見る。終戦時とまでは行かないが、昭和初期の恐慌に匹敵する激動期――恐慌期という意味ではない――と見る」。

12月19日「国際通貨問題の話し合いがまとまって、金1オンス＝38ドル（8％切り下げ）1ドル＝308円（17％切り上げ）に決まった。一応レートが決まったことはプラスだが、この切上げ幅ではかなり苦労だ。日本の貿易構造は確立されているので量的に大きく減ることはなかろうが、価格的にはかなり苦しく企業利潤の低下が予想される。金ドルの交換は停止されたままであるから、国際通貨不安の問題は解消されない」。

1973年2月13日「ドルが10％切り下げられた。それに伴って円は明日から変動相場制に移行する。3月13日「ＥＣ（現在のＥＵ）が変則共同変動制。これで変動制が長期化することは明らかになった。考えてみれば相場は変動するのが常態であり固定するのが無理なのだ」。と言いながら

も当時は、何らかの形で固定相場制に復帰するものと考えていた。しかしその後先進国間の為替相場が固定相場制に復帰することはなく変動相場制が常態となった。

9月4日「今の経済情勢は満州事変前後に似ているという説がある。金本位制が崩壊し、資源獲得競争が激しくなる。供給過剰の時代から供給不足に時代へ」。このような時にそれに誘発されて第1次石油ショックが起こった。それも最初の頃は金ドル交換停止のようにはピンとは来なかった。しかしそれはわれわれの周辺にも急速に浸透してきた。

10月21日「アラブの石油問題が直接当社にも響くようになり、今や『国際化の時代』に入った」。11月20日「モリカワ商事（重油の仕入れ先）から重油節約の要請があった。操短をしてでも1日6トンペースを守ってほしいとのこと」。11月22日「石油価格高騰から化学工業界で一斉に値上げが出てきた。それも昨日夕方から11月15日付でということ。11月20日前後で価格が凍結されるという噂から。全くどう考えたらよいのであろうか」。日付をさかのぼって値上げということは、従来の常識では考えられないことだが当時は平然と行われた。後にはもっと考えられないことも起こった。入荷して来る重油の価格が全く分からないという事態である。月末に請求書が来て初めて価格が分かる。それまでは仕入れ先に聞いてもわからない。それが不服なら重油は入ってこない。

商品の仕入れをして価格が決まらないということは、およそ市場経済では考えられないことである。それがこの当時は起こった。このような状況は重油についてはずいぶん後まで続いた。第2次オイルショック直前の、1978年8月1日「重油価格の件。4～6月がやっと決まった。7～9月は9月末に決まり次第精算するから待ってほしいとのこと。日本は何時から統制経済になったのかと思う」。

石油をはじめとする諸物価の高騰によって1974年の物価上昇率は23.15％に達した。当時の福田首相によって「狂乱物価」と称せられた。これに対して公労協（現業の公務員労働組合）をはじめとするストライキが頻発していた。1974年のベースアップは大幅であった。

公労協の妥結額は29.27％であった。民間はもっと高かった。4月15日「経

済の前途だが、政府・大企業は狂乱物価を一応抑えたことで自信をもって
きたのではないか。それが春闘の高額早期妥結に現れている。株価もそれ
を敏感に反映している。大幅賃上げは一面ではコストアップになるが一面
では購買力の増大につながる」。結局前年からの2年分の物価上昇をこの
年のベースアップで清算したことになる。

　当時日本経済に対する危機感は大変なものであった。それはたんに中小
企業間だけの問題ではなかった。日本全体が危機感を持っていた。それが
のちのバブルの頃とは大きな違いであった。ニクソンショックとオイルシ
ョックでは、日本の貨幣が世界に流れ出していくという危機感があった。
ところがバブルではただ日本のなかで貨幣が積み上がっていくだけだと考
えられていた。これがその後の対処に大きな相違をもたらしたと考えられ
る。

## Ⅱ-3　危機における繊維産業と中小企業経営

　終戦後、労働運動が公然と認められ労働法規が整備されるに従って労働
争議は活発化し、その一つの頂点はマッカーサー総司令官の命令によって
中止された1947年の2・1ストであった。もう一つの頂点は1960年の安
保条約改定反対闘争と同時に闘われた三井三池の解雇反対の闘争であった。

　これらの闘争に比べると、この1973～74年のいわゆる春闘はより広
範な闘争であったと考えられる。実際には闘争に参加していない国民の間
でも公然としたあるいは暗黙の支持があった。

　中小企業でも大企業並みでなくても大幅な賃上げが行われた。この傾向
はすでに前年から現れていて当社も、1973年3月5日「冬季ボーナスの
10％を臨時賞与として支給することに決定」。4月16日「全繊の14.500
円＋家族手当500円（計21.6％）をふまえてベースアップを検討」。1974
年3月2日「特別手当0.2か月分支給」。4月15日「32％はやむを得ない」。
この年は秋にもう一度ベースアップがあった。1年に2回賃上げがあった
のはこの年だけである。たとえ僅かでも2回目のベースアップをせざるを
得ないそんな時代であった。

　ところが繊維業界は大変であった。それは70年代に入ってからアジア

の発展途上国、韓国、台湾、香港等の繊維産業が発展してきたからである。1972年11月18日「グンゼが7％しか値上げをしない。国内のシェア拡大のためだけでなく、発展途上国（韓国、台湾）の追い上げがあるからではないか」。1974年5月18日「1〜3月期も輸入は急増しているらしい」。8月1日「グンゼの価格引き下げによって恐慌状態に陥っている」。9月28日「韓国製品は価格が下がっても入ってくる」。10月10日「30番手綿糸1コオリ（181 kg）の価格が昨年12月の20万円から7万円を割るところまで来ている。正に3分の1。恐慌そのものではないか。このままでは冬までに大破綻が来るかもしれない」。

　この頃の価格の急落はひどいもので、白生地を買って染色している間に価格が下がるので染め上がりの生地を買った方が安くなる。これではだれも染色を発注するものはいない。当時、繊維産業に関してはすでに昭和恐慌を超えていると思った。本当のデフレーションの恐ろしさというのはこういう事態を言うのである。

　まだ高度成長が謳歌されていた時に、こんなにどんどん生産していたらやがて需要不足によって恐慌が訪れるだろうとぼんやり考えていた。資源不足・資源価格の高騰によって、あるいは海外製品の輸入拡大によって恐慌になるとは考えてもみなかった。恐慌はそれぞれに姿かたちが変わって現れるものであって、全く同じ恐慌というものは二度と訪れない。

## III　関西勤労協と基礎研の資本論講義に学ぶ

### III-1　関西勤労協の資本論講義における学びと物足りなさ

　「激動期には基本に帰れ」（ウィンストン・チャーチル）という言葉がある。資本主義を考える時の基本は何といっても『資本論』だと思っていた。筆者は就職した前後に独習ながら『資本論』を読んでいた。資本主義の基本的なシステムは一通り理解していたつもりでいた。恐慌の原因・状況・結果についても理解していた。それまでの何回かの不況・恐慌についてはその理解の範囲を大きく逸脱するものではなかった。しかし今回は違った。いずれにしても『資本論』をもう一度読む必要があるのではないか。早く

も 1972 年頃にはそう考えるようになっていた。大阪にある関西勤労協の門をたたいた。勤労協は前から知っていたし、ときどき講演に参加したこともあったが残業に追われて時間がなく長続きはしていなかった。

1972 年 9 月 12 日「終業後に資本論特別講義に出る。関西勤労協は今まで何回もこのような講座を開いているらしい。これに参加することによって今後の学習の方向が見出されるかもしれない。第一日目は見田石介氏の講義であった」。12 月 19 日「今日で『資本論』の講義を終える。『資本論』が単に産業資本主義時代の分析だけではなく、優れて現代的な問題に対しても的確な分析を加えていることがよく分かったのがプラスだ。『資本論』学習への意欲が湧いてきた」。その後、勤労協の講義に何年間か通った。

しかしもう一つ満足が得られなかった。講義とそれへの質疑応答だけであって新しい変化への対応を感じさせなかったのであろう。それでは新しい事態に対応できない。「学習」によって既往の理論を学ぶだけでは対応できない。それを超えるものは何だろうか。模索がつづいた。

## Ⅲ‐2　基礎経済科学研究所の資本論講義への参加

この頃、京都にあった研究者と労働者の共同組織である基礎研が、労働者の教育と研究のために夜間通信大学院を設立した。京都と大阪に教室を開設し、大学院は技術産業論学科、自治体論学科、金融・流通・協同組合論学科、労働・農民運動論学科、社会構成体発達史論学科の 5 学科制で月 2 回のゼミナールが行われることになった。そして各学科共通の講義として「資本論・帝国主義論講義」（以下資本論講義と略す）が月 2 回行われた。この資本論講義のみ出席する聴講生も可能であった。聴講料は 10,000 円であった。早速申し込んだ。基礎研をどうして知ったかはいまとなっては明らかではない。たぶん「大阪民報」の記事か広告によって知ったのであろう。私にとっては文字通り基礎研を探し当てたという気持であった。

1975 年 9 月 16 日、大阪の資本論講義に出席した。「夜基礎研の資本論講義に出席する。学生が多くなかなかレベルは高そうだ。来年 7 月まで時間もあるのでじっくり勉強しよう」。

基礎研における『資本論』の読み方は少し変わっていた。『資本論』第

1巻の講義であったが、まず第8章労働日と第11-13章協業、分業とマニュファクチュア、機械設備と大工業から始まった。第1章商品はとても難解なので労働者にとって馴染みやすい第8章と第11-13章から入ったのであるが、それ以上に現実と結びつけて理論を展開するという大きな意図があったのではないかと考える。全18回の講義はほとんど出席した。後で聞いた話だが、池上惇先生は「日本一の資本論講義をしよう」ということで、いまから思えば若手の先生方が熱のこもった講義をされていた。

## IV　「学習」を超えて 「学び」と中小企業研究への旅立ち

### IV-1　労働者の学びと研究　―基礎研にみる新たな視座

　基礎研は労働者を教育するだけでなく労働者が研究することを援助する組織であった。ここが他の学習組織と違うところである。基礎研の講義を聞いて、筆者も資本主義一般を理解するのではなく、自分の労働を見つめて学習する必要があると考えるようになった。後年、この点について研究所の実質的な設立者である池上惇先生に聞いたことがある。設立から十数年後のことである。

　小野「労働者は学習しなければならないとか学習できるというのは多数意見だと思うんですね。ところが労働者が研究しなければならないとか研究できるとかいうのは今でもやはり少数意見と違うかなと思うのです。先生は労働者も研究者になれるということについてどのへんで確信をもたれたのでしょうか」。

　池上「自分の労働を見つめて研究する労働者や労働組合というのは、国際的にみてもそう例がないと思うんですよね。それを積極的にやってきて、実績もあるというのが、実は日本の特色なんですね。それから、生涯学習とか生涯教育の動きが出てくる、『働きつつ学ぶ権利』が社会的に確立されていくことについては間違いないだろうと思っていたんです。私の記憶では生涯学習、私たちのいう『働きつつ学ぶ権利』などというのは、果たして権利であるのかという疑問がずいぶんあったように思いました。

研究というものは、特別の人々がやるものだという発想は何も労働者の
なかだけにあるものではなくて、研究者のなかにも牢固としてある考え方
ですね。しかし、最近では、生涯教育が教育制度面から議論されるように
なり、社会人大学院もでき、いわゆる勤労者、社会人の方が大学院で研究
する、ということが普通になってきたと思います」[106]。

## Ⅳ-2　中小企業研究への思いと決意　―働きつつ学び研究する活動

　1972年勤労協の資本論講義を受けた時に、林直道氏から「所有」の意
義について学んだ。それまでは所有ということを単純に考えて、社会主義
社会になって全ての生産手段が国有化されれば、所有の問題は解決すると
考えていた。ところが、所有については処分権と占有権と収益権とがあり、
処分権については解決するかもしれないが使用権と収益権については問題
が残るのではないかと考えるようになった。これが現在社会主義諸国にお
いて経済上種々の問題が発生している原因ではないかと。

　かねて社会主義社会になっても中小企業の分野というものは残るのでは
ないかと考えていたが、基礎研の資本論講義を受けた時にこの疑問をぶつ
けてみて協同組合というヒントを与えられた。協同組合というものを中間
的な改良主義的なものと考えないでもっと積極的なものと考えなければな
らないのではないか。

　1976年2月5日「資本論講座に出席。研究テーマをどうするか。中小
企業の生きる道として協同組合論を取り上げるのも面白いではないか。社
会主義社会での消費財生産の問題。企業における占有権と収益権の問題」。
2月7日「社会主義的所有の一つの形態である協同組合的所有は、決して
社会的所有の低次の形態ではなく一つの恒久的形態なのではないか。そし
て農業だけではなく主として消費財の生産においては支配的な形態になら
なければならないのではないか」。4月28日「雑誌『経済』で「経済学の
すすめ」を読む。テーマを中小企業論に決めようと思う。単に現在の問題
としてではなく社会主義的所有の一形態としての協同組合論を含めて」。

　7月25日、いよいよ中小企業論の研究を始めるに当たって次のように
書いている。

161

「日本資本主義発達史を学習したいということは、私が高校時代から温めていたテーマであった。それは守屋典郎氏の『日本資本主義発達史』を読んだことから始まった。その後いくらかは学習を深めたが、このテーマはあまりにも大きすぎた。

すでに20数年中小企業の分野で生活してきて、いまこうして新しい展望に立って考える時やはり中小企業をテーマにして研究してみようと考える様になった。こういう自分の生活と結びついたテーマで研究しない限り、いつまでも学習は学習で日常の生活は別ということになる。そこで『経済』の「経済学のすすめ」のなかで中小企業論の参考文献として挙げられている文献から学習していこうと思う」。

## Ⅳ-3　夜間通信研究科の第三学科ゼミに参加

基礎研の夜間通信大学院は、「大学院」という名称が法的に許されないということで「夜間通信研究科」に変わっていた。1977年5月13日「秋には基礎研の研究科に入る」。9月22日「『大阪民報』の広告で基礎研は10月9日開講だ。早速申し込むつもり」。

10月9日「基礎研の開講式で京都府立大学へ行った。窓から比叡の山が見え落ち着いた雰囲気。果たしてゼミについていけるか。どの位かかるか。全然わからないがとにかく努力してみよう」。私が入ったのは、大阪で開講された、大阪第三（金融・流通・協同組合論）学科であった。

10月20日「基礎研第1回のゼミ。やはりレベルは高そうだ。2年のところ5年かかってもやろうと思う。不惑の年齢は過ぎたのだから。後でコンパがあった。朝鮮戦争を戦争として実感しないで高度成長の出発点としか考えない世代。年齢の差を感じる」。実は私の通学歴は高校中退なので、大学の教授に親しくお目にかかったのはこのときの森岡孝二先生と中村雅秀先生が最初であった。大学はそれほど遠い存在であったのである。

11月3日「午後から基礎研のゼミ。何とかついていけそうに思う。12月にヒルファーディング『金融資本論』のレポーターをする予定」。ゼミ通信に次のようなエピソードが残っている。小野「簡単な問題で申し訳ないですが、この『グリーンバック』について説明を」。一同「これは簡単

ですよ。歴史的事実の問題ですからね。本を調べればわかりますよ。ハイ」。
小野「？」ゼミの何たるかもわかっていなかったのだ。ついでにこの頃の
レジュメやゼミ通信は、パソコンはなく手書きでコピーは今のように乾式
ではなく湿式いわゆる青焼きであった。

12月1日「『金融資本論』ゼミ。はじめてのリポーター。昨夜どうにか
レジュメをまとめ報告をした。いろいろ活発な討議があり面白かった。何
とかついて行けそうな感じ。西田さんの話でも大学ではゼミで初めて実力
がつくとのこと。基礎研と巡り会えて将来の方向は定まった」。

12月31日「基礎研と巡り会えたことは私の後半生の方向を定めたので
はなかろうか。すぐに成果は上がらないだろうが、年月をかけて着実に前
進したい」。

## Ⅳ-4　オイルショックにおける染色工場の対応

　基礎研に巡り会ったからといって、自分の労働を見つめて研究するよう
になったからといって、すぐに危機への対応ができたわけではない。まし
て危機が克服できたわけではない。危機というのは、そもそも従来のやり
方ではやっていけないということである。やり方を変えなければならなく
なったということである。方向としては量から質への転換、当時の言葉で
いうと「重厚長大」から「軽薄短小」へというのが時代の流れではないか
と考えるようになった。特に中小企業にとっては、巨大化・集中化・均一
化ではなく、小規模化・分散化・多様化が重要である。

　このような変化に伴って工場を幾つかに分散した。工場はもともと大阪
市の都島区にあったが、岐阜県の笠松町に染色工場を、岐南町に仕上げ工
場を新設した。他社からの入荷と出荷は全国どこでも変わりはなかった。
それにはファックスの普及と運送網の整備ということが大きかったと思う。
ファックスについては本社と工場、あるいは工場間の連絡の信頼性が確実
に高まった。数字が即時に紙上に固定されることが大きい。今ではもちろ
んパソコンとネットがその役割を飛躍的に高めている。運送網の整備の背
後には高速道路の整備があった。大阪発着と岐阜発着とでは利便性でもコ
スト面でも全く変わりがなかった。都島工場は手狭なうえに設備が古いの

で、笠松工場と岐南工場に分けることによってかえって効率が上がるものと考えられた。たとえばボイラーなどは、染色機のそばに据えることによって小型化され燃料効率は大幅に良くなった。これは石油価格高騰の時代に大いに助かった。またボイラー管理者も小型のため不要になった。

もう一つは流通経路の短縮である。繊維業界は長く複雑な流通経路によって、相場の変動を平準化する傾向があった。染色は縫製メーカーから受注していた。カラー化によってロットが小さくなるにしたがって、合繊メーカー・紡績・商社が染色して販売するようになった。染色工場では受注先が代わった。

「軽薄短小」は苦しい。少し状況が良くなると、「重厚長大」に戻りたくなる。カラーから白へ誘惑される。これは日本経済一般についても言えるのではないか。「重厚長大」大量生産では中国に勝てない。韓国、台湾にも勝てない。日本は苦しくても大量生産より良質生産をめざさなければならない。それでもつい安易な大量生産に流れてしまうのが人間の性ではある。こうして危機に対応して、何とか乗り越えることができた。

## V　中小企業研究の歩みと新たな画期

### V-1　中小企業研究の歩み

筆者はもともと「競争」について関心が深かった。「競争」を全否定する意見には賛同できなかった。「競争」を全部否定すれば市場経済の良さは失われてしまう。1978年4月4日「『競争』には二つの競争がある。正常な競争と盲目の競争。全ての状況を明らかにした公正な競争と状況が明らかにならないままの疑心暗鬼の競争。一番悪いのは一部のもののみに状況が明らかな不公正な競争。これが独占と中小企業との競争」。

5月11日「帝国主義論講義。二宮厚美先生『情報独占による、知り尽くしている者と知らされていない者との競争』これがわれわれを苦しめている競争だ。当面の焦点はここだ」。

7月15日「ゼミで中村雅秀先生から随筆でもいいから何か書くようにと盛んに勧められた」。書くことの重要性はその後もいろいろな人から教

えられた。何か一つのことについて自分の意見を持つということは大切なことである。しかしそれを文章にするということはまた別のことである。十名直喜先生からも、当時まだ神戸製鋼に勤務されていた頃であるが、メモではだめで短文でも必ず「てにをは」をつけて文章化する必要がある。そうすればその時自分が考えていたことがそれなりに正確に表現される。メモでは何について考えていたかはわかるがどのように考えていたかは正確には伝わらない。文章にして初めて自分の意見が客観化される。不十分なところが現れそれを補うことによって一つの主張にまとまっていく。それによってはじめて討論が可能になる。それでなければ井戸端会議であり雑談である。ゼミで学んだことで最も大切なことはこのことである。

11月9日「遅くとも50歳までには基礎研の修了論文をまとめて所員になる。そして60歳までの10年で何とかライフワークをまとめてみたい。一冊の本になれば最高」。

1979年9月28日「基礎研の修了論文、ようやく書き上げて発送した。これで一段落だ」。

10月21日「基礎研の修了開講式。無事修了証書をもらった」。こうして筆者は基礎経済科学研究所の所員となり、労働と研究の二足の草鞋を履くこととなった。修了論文のタイトルは「繊維独占により中小企業支配の実態」で、当時発行されていた基礎研の『労働と研究』という冊子の第3号に掲載された。筆者は「研究者」とはおよそ縁のない家庭に生まれた。基礎研と出会わなければ一生縁のない生活を送ったことであろう。

## V‑2 「人間発達の経済学」との出会い

基礎研は「人間発達の経済学」の確立を共同の目標に掲げていた。筆者もこれに共鳴した。「人間発達の経済学」とは何か。1982年に基礎研編で出版された『人間発達の経済学』という書物の序文にあたる「読者へ」には次のように書かれている。

「経済学には人間の問題が欠けているといわれてきた。……人間の意識をこえた客観的世界の法則をうんぬんするのみで、人間によるそうした世界への意識的なはたらきかけや、そのことを通じての人格形成の問題を、

経済学は解明しえないと論難されたのである。……われわれは、財界のいう『能力主義』的な生存競争の組織化による労働力管理にたいして、これを批判し、のりこえるために、真の人間の能力とはなにか、人間の発達とはなにか、それはどのようにして生みだされるのか、などを、経済学の立場から解明する作業にとりかからねばならなかった」。

資本主義的生産様式のもとで、「全体的に発達した産業労働者、人間の発達をになう公務労働者などが大量に形成されながら、彼らが『差別的格差構造』や官僚機構のもとで、他の労働者や小生産者（農民や零細業者）などと分断されやすい状態におかれていること、これこそ民主主義のための主体的条件の成熟を妨げている最大の要因である。……ここからぬけだす道は、ただ一つしかない。それは、発達した産業労働者や公務労働者と、他の多くの労働者や小生産者との、広範な交流と連帯をつくりだすということである。その方法は、互いの労働と生活の実態を知り、理解しあい、そこに人間発達の芽を発見し、それを共通のものとして拡大していくことである。このような交流と学習の場を無数に作り出していくことである」(107)。

当時不破哲三氏も、「『資本論』と今日の時代」において、資本主義は社会主義を準備するとして、第一の条件——人類史に際立つ生産力の発展、第二の条件——経済の社会的な簿記や管理の形態とともに、第三の条件として、「豊かな個性」と能力を持った自由な人間の形成を挙げておられた。そして、この個人の能力の全面的発達の基礎が労働時間の短縮にあるとも指摘されていた (108)。

## V - 3　その後の研究の進展

修了論文を書いてから、私の関心は中小企業における競争の問題に向いてきた。それはもちろん、日常の業務がまさにそれを求めていた故である。

競争論については、次第に使用価値の問題に関心が移っていった。それは中小企業が大企業と競争するに当たって、またこの頃から重要になってきた海外企業と競争するにあたって、同じものを造っていてはだめだという状況から出発していた。マルクス経済学は使用価値を取り上げることが

少ないという問題もあった。このテーマは、「アパレル産業の高付加価値化と中小企業」として「通信」61号（1989年11月）に掲載された。筆者の使用価値論は、使用価値には「機能価値」の側面と「感性価値」の側面がある。「感性価値」には安心性、利便性、快適性の三つがあるということになった。これは『情報問題研究』第14号（2002年6月）に「重層消費社会と中小企業─繊維産業を中心に─」としてまとめられた。

経済の国際化は、繊維産業においては何よりも日本と周辺の発展途上国との競争に現れていた。これについては、『中小企業とアジア』プロジェクト（1999年10月）で、「繊維産業に見るアジアと日本の競争と共生」として発表した。

これらの問題は本書第2部に結実している。

## VI　バブルとその崩壊期における研究の模索

自分の労働を見つめ直し、「重厚長大」から「軽薄短小」へ転換し、「感性価値」を重視して第2の危機を乗り越えたにもかかわらず、第3の危機──バブルとその崩壊についてはどうであったか。バブルにおいては順調な受注の波に溺れてしまった。受注に必要な資金は確保され、借り入れに担保は必要だったが土地の値段は高騰していた。われわれは地価の下落は経験したことがなかったので、今までと同じ方向で進んでいって大量の貨幣の波に溺れてしまった。もう少し足元を見て踏みとどまるべきであった。この方向では危険だと気付くべきであった。方向を転換すべきであった。

バブルが崩壊した時はすでに遅かった。われわれは特に土地や株式の投機に走ったわけではない。しかし金融の引き締めに容赦はなかった。土地の担保価格の低下と抵当率の低下が同時に来た。新規の借り入れが不可能になっただけではなく、貸し剥がしが横行した。「銀行は天気の良い日に傘を貸し雨が降ったら取り上げる」とはうまくいったものである。それどころかその銀行自身さえ海外の圧力によって倒産を免れ得なかったのがバブルの崩壊である。

バブルとその崩壊の時期において、日本全体が危機感をもっていなかっ

たというのはその通りであるが、筆者自身もその事態にたいして明確な意見をもっていなかった。もちろん筆者の意見が資本家に通じることはなかったであろうが。

1974年から始まって81年には成果が上がった少量多品種路線、1978年の門真工場から始まって86年に成果の上がった生産分散化路線は一応成功した。1987年7月20日にはこう述べている。「三重工場への進出によって中小企業と地域との結びつきについて何らかの方向が出る可能性が出てきた。中小企業問題の結論部分が初めて現実の問題となってきた。筆者の論文もやっと結論部分まで書ける自信が出てきた」。

しかし、景気の良さと仕事の忙しさに追われて考察を充分に進めることができなかった。筆者の基礎研に入って以後の中小企業研究において、まだまだ現実と向き合って格闘するうえで充分でなかったことが反省点である。

この頃になると、基礎研では当初の学科制度が崩れ、それぞれの先生によってゼミが個別的に開かれるようになっていた。大阪第三学科でも森岡先生の指導が断続的になり、出版プロジェクトの時期のみになった。各大学での社会人大学院の設立あるいはソ連崩壊によるマルクス主義経済学の困難等々内外の諸原因があったのであろう。しかし基礎研の「働きつつ学ぶ権利を担う」活動が停滞したことは否めない。このことが、筆者自身の研究活動にも否定的な影響を与え仕事の忙しさに溺れてしまった。

## VII 企業・地域・自分史への新たな視座と 研究の広がり・展開

筆者が地域との関係について論文を書いたのは、2003年の「地域に立脚した中小企業を求めて」であった。しかし深い分析はなかった。さらに2012年には、基礎研所員で大阪市役所の職員であった山田正明さんの紹介で地域経済研究会に参加した。これは布施民主商工会で開催されていた。メンバーは民商をはじめ地域で活動している人びとが中心で、選挙になると研究会は延期になるという研究会であった。ここでは何よりも地域とは

何かということを考えさせていただいた。かねて中小企業の問題の根本的解決は地域との関係にあると考えていた。退職してこれからは地域の問題を中心にと考えたこともあったがどこから手を付けていいか分からなかった。筆者は企業から地域を眺めていた。この研究会では地域から企業を眺める。それぞれの立場で止むを得ないとも考えたが、地域の人々との研究会に参加してもどうしても埋まられない溝が続いた。企業から地域を見るか、地域から企業を見るか、企業から見る立場が捨てきれなかった。

　いまでは企業が支えられる地域は単に商品の販売先であってはならないし雇用の獲得先であってはならない。地域自身がそこで人々が生産し生活できる場でなければならないし、何よりも世代交代ができる地域でなければならない。世代交代のない地域は真の地域ではないと考えている。

　これらの問題は本書第3部に結実している。

## Ⅷ　研究の深化・洗練化・体系化
### ―「働学研」での研鑽と挑戦―

　そのような時に思わぬ転機が訪れた。2020年1月88歳の時に、十名直喜氏が主宰されていた働学研に参加して状況は一変した。十名先生は神戸製鋼に居られた時代から教えを乞う関係であったが、名古屋学院大学に転じられて以降は時折ご著書を送っていただいて読ませてはいただいていたが直接教えを乞うことはなかった。先生が同大学を退職されて「働学研」を立ち上げられたので軽い気持ちで参加させていただいた。その時は単著をまとめることはもちろん新しい論文を書くことも考えていなかった。

　それが研究会で過去の論文を報告させてもらっていろいろご批判を戴くうちに徐々に変わってきた。改めて「研究」とは何かを考えるようになった。「学習」と「学び」「研究」との差は一応理解しているつもりでいたがまだまだ不充分であった。いまでは40歳代に「基礎研」と出会って以来のあるいはその以上の激変だと感じている。

　特に、2023年に論文『生産力の「暴走」と制御―生命の再生産としての生産力の視座』（本書第1章の基礎になる）、2024年に論文『生産力への

人類史的まなざし』（本書第2章の基礎になる）をいずれも国際文化政策教育学会の機関誌『国際文化政策』の載せてもらって以降、大きな進歩を遂げた。前者は従来の筆者の考え方を「生産力の制御」という方向で位置付けたものであり、後者のなかでの「定住革命」の発見は企業と地域との関係で長年悩んでいた筆者に新しい展望を切り開いたものであった。十名先生からは、目次の作成と今までに書いた論文を配列するように勧められたがなかなか進まなかった。しかし、単著を出版するという目的を提示されて進めていくうちに、何となく単著のイメージがわいてきた。従来の研究を配列し直し再考することが研究を深めることになる。単著をまとめる展望が出てきた。

## IX　おわりに　―92歳の初出版に向けて

いま第4の危機を迎えるにあたって、すでに企業からは退職し以前と同じ立場にあるわけではないが、やはり抽象的に世界や日本の危機を論じるのではなく、労働のウエイトは低くなったが自分の生活に即して思考することが重要であると思う。人間には労働能力と同時に享受能力と統治能力とがある。労働の部面だけでなく日常生活の部面や広い意味での社会活動の部面でこれらの能力を高める必要がある。そして当面する問題の解決に努めるべきである。

今回の危機では、われわれは第1の危機の場合と同様に生命の危機に直面している。オイルショックでもバブルの崩壊でも大変であったが、直接生命の危機に晒されることはなかった。今回の危機は生命の危機である。第1の危機、第2次世界大戦の失敗を二度と繰り返してはならない。

今回の危機にどう対応し、切り抜けるか。危機は同じ形では二度と現れないにしても、やはり、世界各国での現れ方を研究し、また歴史的に過去の現れ方を研究することが必要である。各国、各民族の間での相違の研究。戦争克服のあり方は、ASEAN をはじめとするいわゆるグローバル・サウス諸国と欧米諸国とではずいぶん違う。それぞれの国、民族の性格によってそのあり方が違う。歴史的状況の相違の研究。同じような経験は第2次

世界大戦後でも、朝鮮戦争、ヴェトナム戦争、アフガン戦争、イラク戦争等々いろいろあった。しかしその経験は忘れ去られようとしている。これを掘り起こし、教訓とすべきものは何か状況が相違している所はどこかを研究しなければならない。

ウクライナ戦争は今のところウクライナだけでの戦争である。せいぜいヨーロッパの一部に関係がある。しかしそれは世界大戦に発展する可能性を否定できない。台湾戦争、朝鮮戦争に飛び火する可能性はある。それは日本も参加する戦争になる可能性が高い。この点でアフガン戦争やイラク戦争とは違うことを認識しなければならない。

1975年のヴェトナム休戦以降は、アジアにおける戦争犠牲者は激減し他の地域の戦争犠牲者が激増している。いま再びそれがアジアに降りかかってくるように思われる。敵基地攻撃を叫んでいるだけで良いのか。攻撃すれば相手方からも攻撃されることは当然である。それを防ぐことはできるのか。現在の状況ではそんなことはできない。何としても戦争の拡大を防ぎ休戦に導かなければならないが、残念ながら今のところそのような動きはほとんど見られない。むしろ戦争をあおるような動きばかりが目に付く。

実は第4の危機と当初考えていたのはコロナ危機であった。その後ウクライナ戦争が勃発しそれ以上の危機となった。しかし危機への対応は基本的には同じであるということに気づかされた。

現実との対応にあたっては、できるだけ多くの多様な情報を集め多くの研究会に参加して議論することが重要である。その機会を持てていることが基礎研に巡り会って以来の私の財産である。

2020年に働学研に参加して以来その思いを強くしている。現在時点での筆者の研究能力とその成果を本書に結実できたと考えている。人間は90歳代になっても進歩するものであることを実感している。

# 付記　未来のために過去を振り返る
## ―平和共存と戦争―

&lt;目次&gt;
I　はじめに
II　ウクライナ戦争
　II-1　戦争の報道―恐怖は伝えられたか
　II-2　文化の破壊―憎しみの連鎖
　II-3　敵か味方か―中立が許されない
　II-4　ウクライナ戦争までの経過
III　ユーゴスラヴィア内戦
　III-1　連邦の解体
　III-2　ユーゴスラヴィア内戦
　III-3　国際社会の課題
IV　国連中心主義
　IV-1　国連の誕生－五大国の拒否権
　IV-2　個別的集団自衛権
V　平和共存の時代
VI　現在から過去を振り返る

## I　はじめに

　筆者は現在92歳であるが、それ自身はそんなにたいしたことではない。長く生きているだけでそんなに立派に生きているわけではない。しかし、平均寿命よりは長く生きさせてもらっているので最近感じることを伝えたい。タイトルの副題――平和共存と戦争――は、最初は――戦争と平和――であった。これが普通に言い方だと思うが、――平和共存と戦争――に代えた。なぜなら、戦争が異常であり平和が普通であるからである。その平和もただ単に戦争がないという状態ではなく人類が平和に共存する状態でなければならない。人類はその誕生以来永いあいだ意図的に戦争するこ

となく平和に共存してきた。長い人類の歴史からいえば戦争の時代はごくわずかである。そういう意味でこのタイトルを選んだ。

　2021年8月、働学研で私の生涯について「学習と研究——わが生涯の転換点」と題して報告させていただいた。その時生涯の4つの危機のうち2つの危機として1940年代の戦争と敗戦の危機と2020年代のコロナ危機を取り上げいずれも生命にかかわる危機として報告した。ところがその後、2022年の2月になってウクライナ戦争が勃発した。これは第3次世界戦争に発展するかもしれない危機である。2021年の段階でも戦争の危機は感じていた。しかしまだ、1920年代の状況であると思っていた。それが今や一挙に1930年代まさに世界戦争前夜を思わせるような状態になった。生命の危機は、世界的に見て直接的にもまた間接的にもコロナ危機の比ではなくなった。1930—40年代の戦争の時代を過ごした筆者としては、もっと危機感を感じるべきであるそのために過去の時代の経験を学ぶべきであると考える。しかも第3次世界大戦は核戦争になる可能性が捨てきれない。現在の戦争を停戦に導き、世界大戦の勃発を防ぎ、平和共存の世界を樹立するにはどうすればよいか。第2次世界大戦後の世界の平和共存と戦争防止の努力の跡を振り返って、参考にしたいと思う。

## Ⅱ　ウクライナ戦争

### Ⅱ-1　戦争の報道―恐怖は伝えられたか

　いま日本では、ウクライナの戦況が報道される割にはこれが世界大戦に発展するという危機感は薄いように思われる。どこか遠くところの出来事のように報じられている。ICTのお陰で情報の量は豊富である。しかしそれは主として映像と音声である。映像と音声による情報は確かに重要である。しかしそれでは伝えられない情報もあることを理解しなければならない。爆発の熱の暑さと音響の大きさ、その後の屍体のにおいとその冷たさは映像と音声では伝わらない。それが戦争の恐怖である。ウクライナ戦争の状況は太平洋戦争末期を想い出させることが多い。いまの戦争の報道はかなり一方的である。戦争を煽り立てている。「事実とすれば」という

コメントをつけながらもあたかも事実であるかのように報道されている。もちろん事実もある。戦争が残虐であることは事実である。残虐でない戦争はない。すべてロシアだけが悪いという観点で報道されている。あたかも太平洋戦争中の「大本営発表」のように。われわれは「鬼畜米英」「敵国撃滅」と聞かされてきた。しかし、残虐な人々が戦争をするのではない。戦争の恐怖が人々を残虐にするのである。われわれの父親は家庭では良き父親であった。しかし中国をはじめ戦地では残虐な行為をした。これの対する反省は充分ではなかった。

　マリウポリの製鉄所にアゾフ連隊と共に取り残された避難民は、ガマの洞窟に日本軍とともに取り残された沖縄県民を想い出させる。筆者には当時の状況で彼らに断固戦えとは言えない。国連総長の努力が行われ避難民は解放され軍隊は投降したが、1日でも早く救出されるべきであった。降伏することが許されないというのは、「生きて虜囚の辱めを受けず、死して罪過の汚名を残すこと勿れ」という東条英機の「戦陣訓」の精神である。彼らが救出されたのは本当に良かった。

## II-2　文化の破壊―憎しみの連鎖

　ウクライナの首都の呼称が「キエフ」から「キーフ」に変わった。首都の名前を自国語で呼ぶのは当然であろう。しかし道路案内からロシア語を追放するのは誤りである。これを聞いて私は、戦争中の「よし一本」を思い出した。野球の「ストライク・ワン」の呼び替えである。日本発祥の柔道ならば「よし一本」で良いだろうが、アメリカ発祥の野球では「ストライク・ワン」で差し支えない。

　私たちは小学校の卒業式に、在校生が卒業生を送るのに「蛍の光」を歌っていた。それが1945年には「海行かば」に代えられた。「蛍の光」は敵国イングランドの民謡だからだ。敵国の民謡でも「蛍の光」は名曲だと思う。一方「海行かば」は、「海行かば水く屍、山行かば草生す屍、大君の辺にこそ死なめ返り見はせじ」と天皇のために死ぬことをたたえる歌であった。

　敵国のものであれば、言語でも音楽でも否定するのは間違いである。現にベネチア・ビエンナーレではロシア館は閉鎖され、ロシアのスポーツ選

手が各種大会から追放されている。これにたいする批判がほとんどないのは憂うべきことである。

## II - 3　敵か味方か―中立が許されない

　最近の状況の特徴としては中立が許されないということである。われわれの価値観は共通であるべきであるという。そうだろうか。世界にはいろいろな価値観がある。資本主義もあればいわゆる社会主義もある。あるいはイスラーム的な考え方もある。これを一つの共通の価値観でくくるのは誤りである。いま言われているのは主としてヨーロッパ的価値観である。これを世界に押し付ければ戦争になる。それも従来の領土を争う戦争ではなく、相手を絶滅にさせるまで終わらない戦争になる。

　ロシアの侵略に反対するならば、経済封鎖をするべきであるという。しかしそれをすべての国に押し付けるは誤りである。対ロ経済封鎖によって自国には何ら大きな痛手の無い国もあれば、自国の経済に壊滅的な打撃を受ける国もある。また、経済制裁がロシア国民の生活には打撃を与えるかもしれないが、指導者に打撃を与えるかは疑問である。むしろ国民を団結させ指導力を高める側面がある。北朝鮮の例が参考になる。

　中国やインドなど各国が違った態度を取ることに対して、制裁に抜け穴を与えるものだとかロシアを利するものだとして非難されている。しかし、経済制裁のやり方をも含めて外交のあり方は各国の主権に属する。各国に同一の政策を求めるのは誤りである。

## II - 4　ウクライナ戦争までの経過

　ここでウクライナ戦争までの経過を振り返っておこう。現代は資本主義と社会主義との対立の時代だと言われる。筆者は本質的には独占資本主義と国家資本主義との対立だと思うが、アメリカを中心とする独占資本主義諸国は一方の陣営を形成する。イギリスをはじめ多くの資本主義諸国がこの陣営に属する。日本ももちろんそうである。中国をはじめとする国家資本主義諸国は他方の陣営を形成する。ロシア、キューバ、ヴェトナム等はこの陣営に属する。北朝鮮もそうかもしれない。この両陣営に属さず、そ

れ以外の体制にある諸国も多い。

第2次世界大戦後、独占資本主義の陣営ではアメリカの力が圧倒的になり、それまでの諸独占資本主義国の対立の時代は終わった。他方、国家資本主義の陣営は現在のロシアの前身であるソ連邦が中心であった。これらの両陣営はいわゆる冷戦を繰り広げた。

1989年11月ベルリンの壁が崩壊し、1991年12月旧ソ連邦が解体した。このとき平和共存のチャンスはあったと思われる。おそらくゴルバチョフ大統領はそれを目指したと思う。私たちはこれで核戦争は無くなったと喜んだ。ところが1991年以降ソ連邦の崩壊があまりにも急激であったので、アメリカとすればソ連邦から変わったロシアを追い込み、世界を制覇するチャンスだと考えた。ワルシャワ機構が解体したにもかかわらずNATOは解体するどころか東ヨーロッパに拡大した。冷戦の終結は、米ソの和解ではなく「民主主義」の勝利と位置づけられた。東欧の民主化後、東欧自身がNATOへの加盟を望みNATOは拡大したのである。

1999年　チェコ・ハンガリー・ポーランド加盟。この間NATO軍のセルビア空爆があった。

2002年　ロシア準加盟国扱い。NATOロシア理事会。実際にはオブザーバー。

2004年　ブルガリア・エストニア・ラトビア・リトアニア・ルーマニア・スロヴァキア・スロヴェニア加盟。

2008年　ブカレストサミット宣言。ウクライナ・ジョージア（グルジア）への拡大承認。ドイツ・フランスは反対。

2009年　アルバニア・クロアチア加盟。

2017年　モンテネグロ加盟。

2020年　北マケドニア加盟。

2014年6月　ウクライナでポロシェンコ大統領就任。憲法にNATO・EU加盟を目指すとこを明記。

東部ロシア系住民への抑圧が強化され住民の反抗が始まった。

2014年9月　アメリカはウクライナ軍に対する支援を決定。

2014年11月　ミンスク議定書

2015年2月　ミンスク合意2　ドイツ・フランスの仲介。

①戦闘の停止

②前線からの重火器の撤去

③ウクライナの法律に基づいた地方選挙の実施

④恩赦と捕虜の釈放

⑤人道支援と社会保障

⑥外国軍と傭兵の撤退、非合法集団の武装解除

⑦非集権化を骨子とする憲法の改正

　しかし、緩衝地帯は実現できず合意は守られなかった。

　2019年5月　ウクライナでゼレンスキーが東部住民（12%）を除く大統領選挙で勝利。親ロシア派を国家反逆罪で逮捕[109]。

　今回の戦争は決して突如として起こったものではなく、充分に避けることができたものであったと思われる

## Ⅲ　ユーゴスラヴィア内戦

### Ⅲ-1　連邦の解体

　ウクライナ戦争に関連して、立場が逆で同じような経過をたどったユーゴスラヴィア内戦の経過を検討することはどうしても必要だと思う。そしてその結果はウクライナ戦争の終結の参考になるのではないか。ただユーゴスラヴィア内戦の経過は非常に複雑であり、筆者の研究も不十分で以下の分析は修正されるかもしれない。

　東西冷戦の終結により、東ヨーロッパの諸国はソ連邦への従属から解放された。東ドイツは西ドイツと統一し、他の東ヨーロッパ諸国はそれぞれ自立した。ポーランド、ハンガリー、ルーマニア、ブルガリア、アルバニアである。問題は、連邦制を敷いていた国々である。バルト三国は、1991年まだソ連邦が存続していた時に独立が承認された。それぞれに支配民族であったロシア人が多数居住しているが、第2次世界大戦以前に独立国であった歴史もある。チェコスロヴァキアは、1992年にすんなりとチェコとスロヴァキアに分かれた。これは経済的に発展し支配民族であったチェ

コ人が遅れていたスロヴァキア人の独立を承認した結果であった。あるい
はチェコ人とスロヴァキア人があまり混住していなかったからかも知れな
い。

### Ⅲ - 2　ユーゴスラヴィア内戦

　冷戦終結前、ユーゴスラヴィアはユーゴスラヴィア連邦人民共和国であ
った。1945 年、セルビア人、クロアチア人、スロヴェニア人、マケドニア人、
モンテネグロ人の完全な同権が認められ、混住地域であるボスニア・ヘル
ツェゴヴィナには地域の一体性が認められて、以上六つの共和国とセルビ
ア内のヴォイヴィディナ、コソヴォという二つの自治区・自治州が設けら
れた。

　支配民族はセルビア人であった。ソ連崩壊後、セルビアは連邦制を維持
しようとしたが、連邦を維持するか解体してそれぞれ独立の共和国とする
かの争いになった。独立の動きは北から始まった。1991 年、スロヴェニア、
クロアチア両共和国が独立を宣言した。スロヴェニアではセルビアと離れ
ていたので小競り合いで終わったが、クロアチアではセルビア人との内戦
になった。国連保護軍が派遣されたが、休戦と戦闘が繰り返され次のボス
ニア内戦に連なった。

　ボスニアはさらに複雑であった。ここでは支配的な民族は無く、ボスニ
ア・ムスリム、セルビア人、クロアチア人が混住している。1992 年セル
ビア人の「ボスニア・ヘルツゴヴィナ・セルビア人共和国」とセルビア人
がボイコットする「ボスニア・ヘルツゴヴィナ共和国」が独立を宣言した。
EU( 当時は EC) は後者を承認した。その結果内戦は激化した。クロアチ
ア内戦からボスニア内戦にかけて、それぞれの民族集団の武装化の速度が
速かったのには驚かされる。この戦闘を「内戦」ととらえるか、セルビア
共和国の「侵略戦争」ととらえるかは議論の分かれるところである。

　EU とアメリカは最初連邦制を支持していたが徐々に民族自決権を認め
る方向に転換した。この過程で明らかになったのは、ドイツ、イタリア、
オーストリアがクロアチアと連携し、イギリスとフランスがセルビアと密
接に関係するという、第 1 次世界大戦以来ヨーロッパ列強がユーゴ諸国・

諸地域の示した伝統的対立の図式がまだ生き続けているように見えて興味深い。

EUと国連は「セルビア悪玉論」に依拠しつつ、2万3千人の国連保護軍を派遣する一方で、和平会議を開催して対応してきた。フランスとイギリスは地上の国連保護軍兵士に多大の影響を与えかねない空爆に消極的であり、一方アメリカは早期解決を目指し、空爆に積極的であった。

1994年2月サラエヴォのマルカレ青空市場に迫撃砲が撃ち込まれ68人の死者がでると、サラエヴォを包囲しているセルビア人勢力がこの事件を引き起こしたとの決めつけが先行して、国連安保理でついに空爆決議が採択され、米軍を中心とするNATOによるサラエヴォ空爆が現実化した。1995年12月14日、領土配分をムスリム人勢力とクロアチア勢力からなるボスニア連邦に51%、セルビア人共和国に49%としたうえで、単一の国家が維持されることになる。これまで展開されていた国連保護軍に代わり、NATO軍を中心とする多国籍の平和実施部隊（IFOR）6万人が、1年の任期で和平の実施に当たる。1996年には安定化部隊（SFOR）に継承される。

ヨーロッパでは、今回のウクライナ戦争が第2次世界大戦後ヨーロッパにおける初めての戦争であるという意見がある。しかし自分が攻撃された時だけが戦争で自分が攻撃した時はそうではないというのは詭弁である。

1991年9月、アルバニア人は「コソヴォ共和国」の独立を宣言した。1997年秋ごろから、アメリカの指示を受けて、武装闘争によるコソヴォの独立を目指すアルバニア人青年を中心とする武装勢力（コソヴォ解放軍、KLA）の活動が激化した。1998年3月、セルビア政府は治安部隊をコソヴォに導入して武装勢力の掃討作戦を始めた。1999年3月NATO軍のセルビア・ベオグラード空爆が始まった。この空爆は、ミロシェヴィチ政権によるコソヴォのアルバニア人に人権抑圧に対する「人道的介入」を理由としていた。6月にミロシェヴィチが和平案を受け入れると国連安保理が開かれ、セルビアの主権と領土の一体性が保障され、コソヴォはセルビア共和国の自治州であるとする国連安保理決議1244が採択された。その後、コソヴォは2008年2月、アメリカと密接に協議を重ねながら、一方的に

セルビアから独立を宣言した。しかしまだ、国際社会に支持は得られていない。

　ユーゴ解体に際して、1991年9月流血の惨事を伴わずに独立を宣言したのがマケドニアである。そのマケドニアでもコソヴォ紛争の影響を受け、アルバニア人の権利主張が強まった。EUの強い圧力を受けて、2001年8月ようやくアルバニア人の権利拡大を認める「オフリド枠組み合意」文書が調印された[(110)]。2006年6月、住民投票によるモンテネグロの独立は、憲法上の規定に沿った「協議離婚」の側面が強かった。

## Ⅲ-3　国際社会の課題

　93年12月、国連の明石康が旧ユーゴ問題担当・事務総長特別代表に任命された。明石特別代表は国連保護軍の最高責任者として、軍事や人道援助部門など国連活動すべての直接の指揮をとることになった。着任早々、武力行使ではなく政治交渉によるボスニア内戦の解決という一貫した方針に基づいて、三勢力と接触した。アメリカを中心として国際社会に一般的になっていた「セルビア悪玉論」にとらわれることなく、三勢力と等距離の姿勢を保った。しかし、内戦の解決にNATOの軍事力を行使する方向が強まるなかで、国連や明石代表の存在は小さくなり、明石特別代表は95年11月、辞任に追い込まれてしまった。

　連邦を維持するにしても解体するにしても、連邦内の支配民族あるいは多数民族と少数民族の関係をどうするか。連邦を解体した場合、独立した国のなかでそれまでの支配民族あるいは多数民族が少数のなる場合がある。これが問題であり、紛争の多くはそこから生じている。ユーゴスラヴィア内戦をつうじて、国際社会は国連とNATO（アメリカとEU）に分裂したように見える。NATOはユーゴスラヴィア内戦の場合には空爆をした。ウクライナ戦争の場合には今のところ武器援助にとどまっている。国連とNATOはそれぞれその場合に応じて対応を取ったがその内容は一致していない。特に今回は当事者の一方が国連の常任理事国であるから国連としては動けていない。しかし、NATO以外の国際社会はNATOと同じ方向では動いていない。それが今の国際社会の現状であろう。それではい

けない。それをどうするか。次にそれを検討しよう。

## Ⅳ　国連中心主義

### Ⅳ-1　国連の誕生　―五大国の拒否権

　国際平和を担う組織として国際連合がある。国連の誕生を振り返ってみよう。第2次世界大戦の連合国の勝利によって、戦後の平和は国連によって担われることとなった。国連は第2次世界大戦前に存在した国際連盟 the league of nations ではなく、連合国 the united nations である。第2次世界大戦に勝利した連合国が、世界平和を担うこととなったのである。そこで安全保障理事会における五大国の拒否権が誕生した。もちろん国際問題において全会一致が理想であるが、それではなかなか纏まらない。国際連盟には拒否権は無く、日本の中国（満州）侵略に対してリットン調査団による調査勧告がなされた。勧告は宥和的なものであったが、日本はこれに反対して国際連盟を脱退してしまった。その後理由はそれぞれあるが、ドイツ、イタリア、ソ連邦も続いた。国際連合では、次善の策として拒否権が五大国に与えられたのである。それがなければ国連は四分五裂してしまう。世界の平和は守られないであろう。拒否権はどのようにして決まったのか。

　なお、地域組織において ASEAN は全会一致方式であり、EU も主要な問題については全会一致である。米州機構においては、必ずしもそうではない。そのため不参加や除名問題が起こっている。国際間においては多数決で問題は解決しない。

①テヘラン会談（1942年11.28.－12.1.）

　ソ連邦が独ソ戦の過程で超大国の実力を示すのを見て、アメリカ大統領ルーズベルトは世界平和のためにソ連邦と協力するか、それとも全く平和を断念するか選択は二つに一つだと悟った。そこで彼はソ連邦の協力をかちとるために全力を挙げた。

②ダーバントン・オークス会談（1943年8.1.－10.7.）

　アメリカの提案に反対して、ソ連邦は、あらゆる決定は大戦の戦勝三大

国（アメリカ、イギリス、ソ連邦）によって意見の一致を見なければならず、さらに、フランスと中国（中華民国）も三大国と同一の権利を享受すべきであると主張した。言いかえれば、有効な決議の根底には、安全保障常任理事国五か国による全会一致の原則がなければならず、万が一一致が得られないときは、拒否権の行使が許されるべきであると主張した。

③ヤルタ会談（1945 年 2.4. − 11.）

　拒否権の問題は、ヤルタ会談で解決の日の目を見た。これはルーズベルトの提案によってそうなったのだが、提案そのものは基本的にはソ連邦が当初から主張していた立場と同じだった。要するに、安全保障理事会の決定は、手続き面での問題を除いて、五常任理事国の全会一致で合意されなければならなかった。現実的なものの見方をしていたルーズベルトは、ソ連邦がどうしても全会一致の原則を譲ることはできないと見てとったのだ[111]。

## IV - 2　個別的集団自衛権

　現在 NATO のような個別的集団自衛権が問題になっている。そこで個別的集団自衛権がどのようにして国連憲章に入ったかを検討してみよう。

　国連憲章には、第 6 章に紛争の平和的解決の条項があり、第 7 章に平和に対する脅威、平和の破壊および侵略行為にたいする行動の規定がある。その第 47 条 1 には「国際の平和及び安全の維持のための安全保障理事会の軍事的要求、理事会に自由に任された兵力の使用および指揮、軍備規制ならびに可能な軍備縮小に関するすべての問題について理事会に助言及び援助を与えるために、軍事参謀委員会を設ける」と規定されている。また同条 2 には「軍事参謀委員会は、安全保障常任理事国の参謀総長またはその代表者で構成する。この委員会に常任委員として代表されていない国際連合加盟国は、委員会の責任の有効な遂行のため委員会の事業へのその国の参加が必要であるときは、委員会によってこれと提携するように勧誘されなければならない」と規定されている。つまり国際紛争を解決する規定は完全に存在しているのである。ところが、肝心の軍事参謀委員会は現在に至るまで設置されていない。なぜか。

　ダンバートン・オークス提案では、自衛権に関してなんらの規定も定め

ていなかった。1944年1月8日ルーズベルトは新国際機構創立に影響を及ぼしている主要な未解決問題を取り上げた。その一つに、地域的調整が国際機構全般の目的および原則と矛盾するかどうかを決定するという問題があった。

　当時地域的軍事同盟であるNATOはまだ結成されていなかった。戦後の国際機構に関して米州諸国が示した関心の一つは、米州制度の維持、およびそれと新国際機構との関係であった。安全保障の問題に関する当時の米州間の取り決めはいまだなんら正式に機構化されたものでもなく、また戦後に及んでも拘束的なものではなかった。そこで米州諸国代表はこの取り決めを強化し、米州諸国の世界機構への従属性を減少するよう要望した。もちろんこれは、個々の米州諸国の意思ではなくその背後にはアメリカ合衆国の意思が強く働いていたものと思われる。

　ダーバントン・オークスで予定していた安全保障に関する取り決めについてのもっとも重要な変更は、「地域的取り決め」に関してであった。ダーバートン・オークスの提案では問題の平和的解決や、またもしそれが適当な場合には、強制行動について安全保障理事会は地域的な機関を使用し、また奨励することを規定していたが、その場合もその地域的機関は同理事会の明白な認可なしに強制措置を取れないことになっていた。この規定は特に米州諸国からの攻撃にさらされていた。多くのヨーロッパ諸国もドイツやその他の敵国の再生復活のよる新たな脅威の可能性を案じていた。彼らはそれらの国々による侵略に対しては安全保障理事会の事前の許可なしでも即座に報復行為を取れる権利をもつべきだ、と考えていた。結局この問題はダンバートン・オークス提案になかった憲章第51条として新たに加えられたのである。またこの趣旨で過度的安全保障の関する規定としていわゆる旧敵国条項（第107条、および53条1但書後半）が規定された。

　第51条　この憲章のいかなる規定も、国際連合加盟国に対して武力攻撃が発生した場合には、安全保障理事会が国際の平和及び安全の維持に必要な措置を取るまでの間、個別的または集団的自衛の固有の権利を害するものではない。この自衛権の行使に当たって加盟国がとった措置は、直ちに安全保障理事会に報告しなければならない。また、この措置は、安全保

障理事会が国際の平和及び安全の維持または回復のために必要と認める行動をいつでもとるこの憲章に基づく権能および責任の対しては、いかなる影響も及ぼすものではない。

第107条　この憲章のいかなる規定も、第2次世界大戦争中にこの憲章の署名国の敵であった国に関する行動でその行動について責任を有する政府がこの戦争の結果としてとりまたは許可したものを無効にし、または排除するものではない。

第53条1　もっとも、本条2に定める敵国のいずれかにたいする処置で、第107条に従って規定されるもの又はこの敵国に対する侵略政策の再現に備える地域的取り決めにおいて規定されるものは、関係政府の要請に基づいてこの機構がこの敵国による新たな侵略を防止する責任を負う時まで例外とする。

つまり、旧敵国の侵略を防止するために例外として、また時間限定的措置として地域的取り決めが認められたのである。それがいま連合国の一国に対して適用されるようになっているのである。

## V　平和共存の時代

かつて平和共存が目指された時代があった。平和5原則が高らかに宣言された。元々は、1954年4月中国・インド間で締結された「中華人民共和国とインド共和国の中国チベット地方とインド間の通商・交通に関する協定」の前文に記されたものであったが、同年6月、周首相のインド訪問の際、両国の共同声明の形で再確認され、さらに一般国際関係にも適用されるべきもの、として宣言された。

以下の5項目からなる。①領土・主権の相互尊重　②相互不可侵　③相互内政不干渉　④平等互恵　⑤平和共存[112]。

平和5原則はバンドン会議の平和10原則に発展した。バンドン会議は、第2次世界大戦後に独立したインド・ネルー首相、インドネシア・スカルノ大統領、中華人民共和国・周首相、エジプト・ナーセル大統領が中心になって開催をめざし、1955年4月18日に実現された。参加国はその多く

が欧米諸国の植民地支配から独立したアジアとアフリカの29か国で当時の世界人口の54%を占めていた。バンドン会議は中印の平和5原則を拡張した平和10原則を定め、継続的に開催される予定であったが、各国の指導者間の統一が乱れ、第2回以降は開催されなかった。しかし、その精神は1961年9月に開催された第1回非同盟諸国首脳会議に引き継がれたと言える。

平和10原則は以下の項目からなる。

①基本的人権と国連憲章の趣旨と原則の尊重　②すべての国の主権と領土保全の尊重　③すべての人類の平等と大小すべての国の平等を承認する　④他国の内政に干渉しない　⑤国連憲章による単独または集団的な自国防衛権の尊重　⑥集団的防衛を大国の利益のために利用しない　また他国に圧力を加えない　⑦侵略または侵略の脅威・武力行使によって、他国の領土保全や政治的独立を侵さない　⑧国際紛争は平和的手段によって解決　⑨相互の利益と協力を促進する　⑩正義と国際義務の尊重[113]。

妥協によって原則が複雑化したことは否めない。とくに国連憲章に妥協の産物である個別的集団自衛権を入れたことは他の原則に背くことになった。そのために第5原則が入り、第6原則が必要になった。個別的集団自衛権は、特定の集団が他の集団に敵対するものであり、本来の集団自衛権とは異なり国連憲章の精神に反するものである。

中立国であったスウェーデンとフィンランドがNATOに加盟するという。自国だけでは侵略に対抗できないから他国に軍事的に支援してもらうのである。一見もっとものように思われるかもしれないが果たしてそうだろうか。他国に軍事的に支援してもらうということは、他国が戦争した場合には軍事的に支援するということである。他国に対する精神的な支援経済的な支援はあってもよい。しかし自国が攻撃を受けていないときに他国を軍事的に支援するのは戦争を拡大することになる。私たちが目指すべきものは軍事同盟ではなく相互不可侵条約である。以前はもっと相互不可侵条約が活用されていた。私たちの目指すのは相互不可侵条約を活用した軍事同盟のない平和共存の世界であり、それでこそ平和は守られる。

# Ⅵ　現在から過去を振り返る

2024 年 8 月 15 日はちょうど 79 年目の終戦記念日である。若い人の間では 8 月 15 日が何の日であるかを知らない人が 60％を超えているという。日本が昔戦争をしていたことは歴史で学んだが詳しいことは覚えていない。当然のことである。筆者が幼い頃、「明治維新」で大政奉還は何日に行われたかは知らなかった。「明治維新」は歴史で学んだが詳しいことまで知っていたわけではない。それと同じ年数が経っているということである。

しかし「明治維新」以後の歴史と同様に、終戦とその後の「戦後改革」の歴史の主要なことはしっかりと認識しておく必要はある。 終戦記念日は「敗戦記念日」のごまかしであるという意見がある。筆者は終戦記念日でいいと思う。8 月 15 日に戦争が終わり、以後 79 年間日本が戦争をしていないということが大切なのである。「明治維新」以後の 77 年間と比較すると雲泥の差である。このことを強く認識しておきたい。

本書は、筆者がこの 79 年間の折々に考えたことをできるだけ系統的にまとめたものである。

終戦まで特に太平洋戦争勃発後は、日常生活は敵の空襲が無くても空襲警報が鳴るだけで覆された。たとえば学校で試験を受けていてもひとたび空襲警報が鳴るとたちまち試験は中止され全員防空壕に退避しなければならなかった。 試験はパーである。戦後も電力不足で夜は勉強ができないので試験は一日おきであった。

1950 年に朝鮮戦争が始まった。まだ前の戦争が終わってから 5 年しかたっていなかった。筆者は 18 才であった。たちまち徴兵の恐怖にさらされた。もちろん終戦後徴兵制度は廃止されていたが、容易に復活できるものと考えられていた。事実今日の自衛隊の前身である「警察予備隊」がすぐ設置された。日本人は一部朝鮮戦争に参加した人もいたらしいが基本的には参戦を免れた。逆に「朝鮮特需」によって復興することが出来た。心痛む話である。幸い激しい戦争は 1 年で終わり 2 年の停戦交渉を経て停戦が成立した。しかし 70 年以上たってもそれは停戦であってまだ休戦にも至っていない。

その後日本は太平洋戦争の災害から復興し、日常生活を再建することが出来た。さらに1960年代の高度成長も成しとげることが出来た。これをどう評価するか。間違った方向も多々見られた。アジア諸国への賠償を名目にして海外進出もはかられた。しかし基本的には国民の努力によってその生活が向上したことは評価しなければならないのではないか。

さらに1970年代のニクソンショック・オイルショックにあたっては、海外からの金融的・資源的危機にあたって経済を従来の「重厚長大」から「軽薄短小」につまり量から質に転換した。日本製品は「安かろう、悪かろう」から「優秀」であるという評価に変わった。

ところが1980年代のバブルの時期にあっては、架空の富の蓄積におぼれその崩壊の波に流されて従来日本経済をけん引してきた主要銀行をはじめ巨大企業が破滅に陥った。そしてここからの転換ができなかった。筆者には熟年に達した日本経済がいつまでも「若い者には負けられない」「成長だ、成長だ」と力んでいるように見える。

生産力を「人間の生命の生産と再生産」というその本旨に立ち返って発展させなければならないというのが、本書を通じて筆者が強調してきたところである。それには、ICT等により情報認知能力を発展させるとともに人間の地域での協同行動を向上させなければならないと考える。

もう筆者の人生がそんなに長く残っているとは思はないが、今後ともこの方向で考えていきたい。永い人間の歴史を考えると人間の発達は素晴らしい。人間の知恵は素晴らしい。それを目先の小さな利益—自己の権益の拡大のために使うのではなく、長い人間の歴史に貢献するように使いたい。それはここ数十年の日本の、世界の歴史を振り返ってみれば明らかなはずである。

# あとがき


　本書は、わが92年の生涯において初の単著書である。限りなく長くもあり、あっという間に駆け抜けた人生でもあった。その後半生、仕事と研究に精出した地道な歩みに光をあてる。ささやかな研究成果をピックアップして、卒寿を超えてのわが想いを織り込み、編集したものである。

　筆者は、2006年6月、53年余勤務した企業を全面的に退職した。筆者にとって退職は何よりも激務からの解放であった。したがって今までやれなかったことをやりたい。まずこれが第1であった。

　それ以前の2000年3月、勤務時間の拘束から解かれて時間的余裕ができた。しかし責任は決して軽くなったわけではない。まず近郊の史跡巡り、これは健康増進も兼ねていた。大阪府から京都府南部、奈良県北部の有名無名の史跡を片端から巡り歩いた。これは2013年11月、体力的に兵庫県南部で終わった。

　次は海外旅行、これも2000年頃から計画し、いったんは正式の申し込みをしてパスポートもとったが坐骨神経痛になり急遽中止した。2001年6月、顧問に就任すると同時にフランス旅行に出発した。厳密に言うと顧問就任は6月15日なので、有給休暇を利用して行ったということになる。帰ったら給与計算がそのまま放置されていた。その後は毎年主としてヨーロッパ、イタリア、ドイツと東ヨーロッパ、3年ほど続いた。筆者の生きた時代を支配したポツダム会談が行われたポツダム宮殿を訪ねたのが印象的であった。

　自宅においては、『資本論』を中心とした読書に勤しむ。大月書店の『資本論草稿集』、有斐閣の『資本論体系』、不破哲三氏の資本論関係著作、大谷禎之助氏の『マルクスの利子生み資本論』ほか、読みかけていたものを

含めて一気に読んだ。

それまで付けていた日記を中心に、自分史を執筆し、3冊の小冊子にまとめる。学生時代の『天皇陛下萬歳からスターリン萬歳へ ―激動の時代を生きた若き魂の遍歴』（2017年3月）。職業時代の『労働と研究の日々 ―ニクソンショック・オイルショックからバブルとその崩壊まで』（2017年11月）。その後の『資本論体系への道 ―資本主義とはなにかそれはどこへ行くのか』（2018年8月）。

さらに、過去の論文を整理してまとめたのが、『中小企業を考える ―50年の職業生活の中で』（2019年8月）。それらは、いずれも友人に送って読んでもらった。

一方、退職前後には見舞われたのが、それまでに患ったことのない病気である。原因不明の失神に襲われ、数か月の間に3回救急車のお世話になった。数十秒なのか数分なのか自分ではわからなかったが、すぐに回復する。原因は調べてもわからず、その後脳神経科で投薬の結果収まる。7年くらいたってもういいのではないかと投薬を中止したところまた発生した。医者にも因果関係がよくわかっていなかったようである。

こうして、筆者の生涯は終わる予定になっていた。その後の「働学研」への参加以後の大きな変動については、終章Ⅷに書いた通りである。

筆者にとっては、在職中が上り坂、退職後は下り坂という自覚はない。在職中は激動に翻弄されていた。退職後にやっと落ち着いたというのが実感である。

2023年12月、9年ぶりに同じような症状が出た。この時は投薬を続けていたのだが原因は結局不明のままである。この年齢になると原因不明の症状が多いようで、「お元気ですよ」と言われてもその前に「お歳の割には」という接頭語が省略されている。

体力的にはもちろん精神的にも同時に多くのことができないということは自覚する。他方では、落ち着いて現在の問題を過去の経験と結び付けて考えられるようになっているように思う。大きな変化に可能な限り対応していきたいと考えている。

退職以後の18年間にも、科学特に自然科学の進歩は著しい。社会科学

もこれに追い付いていかなければならないと思う。そのような意味で、本書は筆者の現在の能力を結集したものと考えている。

基礎研に加入して以来、ご指導をいただいた先生は数知れない。大阪第三学科の故森岡孝二先生。大阪第五学科の林彌富先生。東南アジア社会経済論ゼミの和田幸子先生。ジェンダーゼミの大西広先生。京都資本論ゼミの小沢修司先生。基礎研以外では、日本消費経済学会の故加藤義忠先生。西村多嘉子先生。情報問題研究会の重本直利先生。そして地域経済研究会の宮川晃氏。それぞれのご指導はともに学んだ学友の議論とともに本書の血となり肉となっていると考える。

さらに画期的だったのは、働学研における十名直喜先生のご指導である。90歳にして初の単著書出版という「大志」をたて、92歳にして陽の目を見るに至る。この間の変貌は、著者にとっても信じがたいような奇跡の体験といえる。種々の助言と激励をいただき、そこへと導いていただいた十名直喜先生に心よりお礼申し上げる。また折に触れ助言をいただいた池上惇先生、中谷武雄先生、学友の皆様にも感謝申し上げたい。

本書の出版を快く引き受けていただいた社会評論社の松田健二社長、温い眼差しで編集の労をとっていただいた板垣誠一郎氏に、感謝申し上げる。

最後に今年結婚65周年になる妻美津子にも感謝したい。65周年はサファイア婚というのだそうだ。妻美津子が筆者の研究にどれほどの関心を持っているかは定かではないが、筆者に研究を支えてくれたことは間違いない。二人のあいだには、娘とそのパートナー、息子、合計4人の孫とそのうち2人のパートナーもいる。最近では2人の曾孫の動画が毎日のように送られてくる。65年間にはいろいろなこともあったが、まずまずの安定した家庭生活を送れたことが、仕事と研究の基盤であることは明らかである。

# 参考文献一覧

青木昌彦（2008）『比較制度分析序説』講談社学術文庫　2008年12月。

池上惇（1985）『情報化社会の政治経済学』昭和堂　1985年12月。

池上惇（1994）「社会の進化と固有価値の経済学」基礎経済科学研究所編『人間発達の政治経済学』青木書店　1994年11月所収。

池上惇（2003）『文化と固有価値の経済学』岩波書店　2003年7月。

池上惇（2020）『学習社会の創造』京都大学学術出版会　2020年10月。

石井淳蔵（1999）『ブランド－価値の創造』岩波新書　1999年9月。

井原哲夫（1998）「消費構造の変化」『日本経済新聞』　1998年4月。

井原哲夫（1990）『豊かな人間の経済学』日本放送出版協会　1990年。

今井賢一（1984）『情報ネットワーク社会』岩波新書　1984年12月。

今井むつみ、秋田喜美（2023）『言語の本質』中公新書　2023年5月。

H. イムラー（1985）『経済学は自然をどうとらえてきたか』（*Natur in der okonomischen Theorie by Hans immler*　1985）農山漁村文化協会　1993年12月。

大塚賢龍（1996）「消費者によるブランド・アイデンティティの形成過程」『日本消費済学会報告書1996年度』。

大西広（1992）『資本主義以前の「社会主義」と資本主義後の社会主義』大月書店　1992年2月。

小沢雅子（1985）『新「階層消費」の時代』日本経済新聞社　1985年7月。

小沢雅子（1989）『新・階層消費の時代』朝日文庫　1989年3月。

小野満（1988）（筆名安満弁吉）「『情報化社会』は中小企業になにをもたらすか」基礎経済科学研究所『経済科学通信』56号1988年7月。

小野満（1989）（筆名安満弁吉）「アパレル産業の高付加価値化と中小企業」基礎経済科学研究所『経済科学通信』61号　1989年11月。

小野満（1993）「情報の有限性と競争」情報問題研究会『情報問題研究』6号晃洋書房1993年12月。

小野満（1999）「繊維産業に見るアジアと日本の競争と共生」鈴木茂他編『中小

企業とアジア』昭和堂　1999年10月。

小野満（2000）「情報化社会の企業内情報と市場内情報」情報問題研究会『情報問題研究』12号　晃洋書房　2000年6月。

小野満（2002）「重層消費社会と中小企業－繊維産業を中心に―」情報問題研究会『情報問題研究』14号　晃洋書房　2002年6月。

小野満（2012）「東アジア繊維貿易の変遷と日本復権への試み」和田幸子編『変貌するアジアと日本の選択』昭和堂　2012年12月。

小野満（2023）「生産力の『暴走』と制御―生命の再生産としての生産力の視座」国際文化政策教育学会『国際文化政策』　第16号、2023年8月。

小野満（2024）「生産力への人類史的まなざし」国際文化政策教育学会『国際文化政策』第17号　2024年2月。

加藤俊作（2000）『国際連合成立史』有信堂　2000年3月。

椛島健治（2022）『皮膚のふしぎ』講談社　2022年12月。

川瀬光義（2002）「地域づくりをどう進めるか」岡田知弘他『国際化時代の地域経済学』改訂版　有斐閣　2002年4月。

河野五郎（1984）『使用価値と商品学』大月書店　1984年5月。

聴涛弘（2021）『マルクスの「生産力」概念を捉え直す』かもがわ出版　2021年3月。

北村洋基（2003）『情報資本主義論』大月書店　2003年1月。

D.グレーバー・D.ウェングロウ（2021）『万物の黎明』（The Dawn of Everything A New History of Humanity 2021）光文社　2023年9月。

小西一雄（2014）『資本主義の成熟と転換』桜井書店　2014年6月。

斎藤幸平（2020）『人新世の「資本論」』集英社新書　2020年9月。

酒井隆史編（2024）『グレーバー＋ウェングロウ「万物の黎明」を読む』河出書房新社　2024年4月。

佐藤可士和（2014）『今治タオル奇跡の復活』朝日新聞出版　2014年11月。

佐藤芳雄（1976）『寡占体制と中小企業』有斐閣　1976年3月。

佐伯啓思（1993）『「欲望」と資本主義』講談社現代新書1993年6月。

重森暁（1982）「現代生活と人間発達の経済学」基礎経済科学研究所編『人間発達の経済学』青木書店　1982年11月　所収。

篠田謙一（2022）『人類の起源』中公新書　2022年2月。

柴宜弘（2021）柴宜弘『ユーゴスラヴィア現代史新版』岩波新書　2021年8月。

傳田光洋（2019）『皮膚はすごい』岩波科学ライブラリー　2019年6月。

傳田光洋（2021）『サバイバルする皮膚』河出新書　2021年5月。

富樫幸一（2002）「グローバル化のなかの地域経済」岡田知弘他『国際化時代の地域経済学』改訂版　有斐閣　2002年4月。

十名直喜（1999）「日本の産業・企業システムとパラダイム転換」池上淳他編『日本の経済システム』青木書店　1999年。

十名直喜（2008）『現代産業に生きる技』勁草書房　2008年4月。

十名直喜（2012）『ひと・まち・ものづくりの経済学』法律文化社　2012年7月。

十名直喜（2017）『現代産業論』水曜社　2017年11月。

十名直喜（2019）『企業不祥事と日本的経営』晃洋書房　2019年2月。

十名直喜（2020）『人生のロマンと挑戦』社会評論社　2020年2月。

十名直喜（2022）『サスナビリティの経営哲学』社会評論社　2022年1月。

十名直喜（2024）『学びと生き方のリフォーム』社会評論社　2024年6月。

富沢木実（1994）『「新・職人」の時代』　ＮＴＴ出版　1994年5月。

友寄英隆（2019）『AIと資本主義　マルクス経済学ではこう考える』本の泉社　2019年5月。

中村哲（2007）『医者、用水路を拓く』石風社　2007年11月。

西田正規（2007）『人類史のなかの定住革命』講談社学術文庫　2007年3月。

二宮厚美（1994）「現代社会と人間発達の諸条件」基礎経済科学研究所編『人間発達の政治経済学』青木書店　1994年11月所収。

野口宏（1998）『情報社会の理論的研究』関西大学出版部　1998年3月。

野口宏（2023）「生産力とテクノロジーへのマルクスの視点」『経済科学通信』基礎経済科学研究所　第157号。

野村秀和（1977）『現代の企業分析』青木書店　1977年12月。

羽場久美子（2022）「アメリカの世界戦略―NATO拡大と、ロシアの弱体化　ウクライナへの武器供与と戦争継続―停戦に合意を！」2022．4.29．憂慮する歴史研究者の会『ウクライナ戦争を一日も早くとめるために』。

Y.N.ハラリ（2011）『サピエンス全史―文明の構造と人類の幸福』（Sapiens：A Brief History of Humankind, by Yuval Noah Harari, 2011）柴田裕之

訳　河出書房出版社　2016 年 9 月。

平松民平（2021）「大工業から AI、NET 革命へ―相対的剰余価値の生産」基礎経済科学研究所編『時代はさらに資本論』昭和堂　2021 年 5 月所収。

B. フェイガン（2004）『古代文明と気候大変動』（The Long Summer：How Climate changed

Civilization, by Brian　Fagan, 2004）東郷えりか訳　河出文庫　2008 年 6 月。

不破哲三（1982）『「資本論」と今日の時代』新日本出版社　1982 年 5 月。

K．マルクス（1867）『資本論第 1 部』（Das　Kapital Ⅰ）　日本共産党社会科学研究所監修　新日本出版社　2019 年 9 月－2020 年 3 月。

K．マルクス（1885）『資本論第 2 部』（Das　Kapital Ⅱ）　日本共産党社会科学研究所監修　新日本出版社　2020 年 5 月－2020 年 9 月。

K．マルクス（1894）『資本論第 3 部』（Das　Kapital Ⅲ）　日本共産党社会科学研究所監修　新日本出版社　2020 年 11 月－2021 年 7 月。

K. マルクス、F. エンゲルス『マルクス・エンゲルス全集』大月書店。

見田宗介（1996）『現代社会の理論』岩波新書　1996 年 10 月。

宮川晃（2022）『中小事業者の役割と「三方よし」の経営』ウインかもがわ　2022 年 12 月。

明和政子（2019）『人の発達の謎を解く』ちくま新書　2019 年 10 月。

森岡真史（1992）「情報システムとしての市場経済」『日本の科学者』1992 年 12 月号。

D. モリス（1967）『裸のサル―動物学的人間像』（The Naked Ape, by Desmond Morris, 1967）日高敏隆訳　河出書房新社　1969 年 11 月。

山口義行、小西一雄（1994）『ポスト不況の日本経済』講談社現代新書　1994 年 7 月。

横田幸子（2022）『人類進化の傷跡とジェンダーバイアス』社会評論社 2022 年 7 月。

C. レンフルー（2007）『先史時代と心の進化』（Prehistory: Making of Human Mind　by Colin Renfrew）小林朋則訳　溝口孝司監訳　ランダムハウス講談社　2008 年 9 月。

渡辺治（1992）「企業社会日本の構造と労働者の生活」『日本型企業社会の構造』基礎経済科学研究所編　労働旬報社　1992 年 10 月。

著者紹介

略歴

1932 年 6 月　大阪府高槻市生まれ

1951 年 9 月　大阪府立春日丘高等学校中退

1953 年 1 月　熊西メリヤス（株）入社

1957 年 8 月　熊西染色工業（株）入社

1969 年 10 月　（株）クマニシ入社

1970 年 3 月　産業能率短期大学能率科（通信課程）卒業

1978 年 3 月　大阪学院大学商学部（通信課程）卒業

2006 年 6 月　（株）クマニシ退社


所属学会　　基礎経済科学研究所、国際文化政策研究教育学会

1984 年 10 月　基礎経済科学研究所 15 周年記念懸賞論文佳作


共著書

森岡孝二編『勤労者の日本経済論』法律文化社　1986 年 9 月

森岡孝二編『現代日本の企業と社会』法律文化社　1994 年 2 月

鈴木茂・大西広・井内尚樹編『中小企業とアジア』昭和堂　1999 年 10 月

森岡孝二編『格差社会の構造』桜井書店　2007 年 9 月

森岡孝二編『貧困社会ニッポンの断層』桜井書店　2012 年 4 月

和田幸子編『変貌するアジアと日本の選択』昭和堂　2012 年 12 月


論文

「繊維産業における生産流通機構」(筆名安満弁吉)基礎経済科学研究所『経済科学通信』36 号　1982 年 9 月。

「『情報化社会』は中小企業になにをもたらすか」（筆名・安満弁吉）基礎経済科学研究所『経済科学通信』56 号　1988 年 7 月。

「アパレル産業の高付加価値化と中小企業」（筆名安満弁吉）基礎経済

科学研究所『経済科学通信』61 号　1989 年 11 月。

　「情報の有限性と競争」情報問題研究会『情報問題研究』6 号　晃洋書房 1993 年 12 月。

　「日本と途上国の労働者の競争関係について」基礎経済科学研究所『経済科学通信』85 号　1997 年 10 月

　「情報化社会の企業内情報と市場内情報」情報問題研究会『情報問題研究』12 号　晃洋書房　2000 年 6 月。

　「重層消費社会と中小企業－繊維産業を中心に―」情報問題研究会『情報問題研究』14 号　晃洋書房　2002 年 6 月。

　「生産力の『暴走』と制御―生命の再生産としての生産力の視座」『国際文化政策』第 16 号　国際文化政策教育学会　2023 年 8 月。

　「生産力への人類史的まなざし」『国際文化政策』第 17 号　国際文化政策教育学会　2024 年 2 月。

## 本文註

(1)  宮川晃［2022］『中小事業者の役割と「三方よし」の経営』ウインかもがわ。

(2)  十名直喜（2022）52 ページ。

(3)  西田正規（2007）第 9 章。

(4)  横田幸子（2022）　71 ページ。

(5)  十名直喜（2022）　14 ページ。

(6)  Y.N. ハラリ（2011）上巻　55 ページ。

(7)  十名直喜（2022）41 ページ。

(8)  同上書 53 ページ。

(9)  C. レンフルー（2007）26 ページ。

(10)  椛島健治（2022）246 － 247 ページ。

(11)  篠田謙一（2022）ⅰページ。

(12)  傳田光洋（2019）2-9、108 － 109 ページ。

(13)  篠田謙一（2022）19-22 ページ。

(14)  Y.N. ハラリ（2011）上巻 9-10 ページ。

(15)  B. フェイガン（2004）62 － 63 ページ。

(16)  横田幸子（2022）68 ページ。

(17)  Y.N. ハラリ（2011）上巻　36 － 39 ページ。

(18)  同上書　上巻　第 1 部　認知革命。

(19)  今井むつみ、秋田喜美（2023）　3 － 5 ページ。

(20)  D. モリス（1967）108-110 ページ。

(21)  伝田光洋（2021）　198 － 199 ページ。

(22)  西田正規（2007）　95 ページ。

(23)  C. レンフルー（2007）196、205 ページ。

(24)  Y.N. ハラリ（2011）下巻　127 ページ。

(25)  十名直喜（2022）52-53 ページ。

(26)  野口宏（2023）　78 ページ。

(27)  C. レンフルー（2008）　181-182 ページ。

(28)  十名直喜（2022）54 ページ。

(29)  見田宗介（1996）　15、27 ページ。

(30)  Y・N・ハラリ（2011）下巻　178 ページ。

(31)　今井賢一（1984）163 － 164 ページ。

(32)　同上書　5 ページ。

(33)　十名直喜（2022）42、46 ページ。

(34)　友寄英隆（2019）　58 ページ。

(35)　富沢木実（1994）はじめに　iv〜v ページ。

(36)　二宮厚美（1994）19 〜 22 ページ。

(37)　井上義朗（2012）　72 － 73 ページ。

(38)　佐藤芳雄（1976）　15 － 16 ページ

(39)　ユーゴスラビアの連邦経済安定化問題委員会「小経営の地位と発展」
　　　 1983 年 3 月 30 日。

(40)　佐藤可士和（2014）　223 ページ。

(41)　マルクス（1867）　原 193 ページ。

(42)　十名直喜（2022）　42、46 ページ。

(43)　森岡真史（1992）22 ページ。

(44)　山口義行、小西一雄（1994）第 1 章

(45)　テレビ東京「モーニングサテライト」マルニ木工の例　2020 年 11 月 21 日。

(46)　平松民平（2021）80 ページ。

(47)　小西一雄（2014）312 － 313 ページ。

(48)　『マルクス・エンゲルス全集』第 34 巻　原 170 － 171 ページ。

(49)　中村哲（2007）343 ページ。

(50)　見田宗介（1996）iii ページ。

(51)　同上書　31 ページ。

(52)　同上書　38 － 39 ページ。

(53)　斎藤幸平（2020）28 ページ。

(54)　マルクス（1867）　原 49 ページ。

(55)　同上書　原 53 ページ。

(56)　斎藤幸平（2020）　247 ページ。

(57)　見田宗介（1996）　129 ページ。

(58)　同上書　141 － 142 ページ。

(59)　小野満（2002）25 ページ。

(60)　大塚賢龍（1996）206 ページ。

(61)　十名直喜（2012）60 ページ。

(62)　同上書　281 － 282 ページ。

(63)　大西広（1992）98 － 99 ページ。

(64)　二宮厚美（1994）31 － 34 ページ。

(65)　池上淳（1994）199 － 200 ページ。

(66)　同上書　222 ページ。

(67)　石井淳蔵（1999）9 － 10 ページ。

(68)　同上書　31 ページ。

(69)　マルクス（1894）『資本論第 3 部』原 202 ページ。

(70)　同上書　原 190 ページ。

(71)　青木昌彦（2008）21-22 ページ。

(72)　酒井隆史編（2024）17 ページ。

(73)　同上書　小茄子川歩稿　212 － 213 ページ。

(74)　D. グレーバー・D . ウェングロウ（2022）265 ページ。

(75)　同上書　263 ページ。

(76)　同上書　325 ページ。

(77)　同上書　266 ページ。

(78)　同上書　270 ページ。

(79)　同上書　314 ページ。

(80)　同上書　315 ページ。

(81)　同上書　413 ページ。

(82)　小野満（2024）32 ページ。

(83)　横田幸子（2022）290 ページ。

(84)　富樫幸一（2002）14 ページ。

(85)　『朝日新聞』2002 年 12 月 23 日。

(86)　川瀬光義（2002）218 － 220 ページ。

(87)　『朝日新聞』2003.1.13。

(88)　野村秀和（1977）16 ページ。

(89)　大西広（1992）108 － 109 ページ。

(90)　消費の本源性については、本書　第 6 章第 1 節。

(91)　佐伯啓思（1993）92 － 95 ページ。

(92)　同上書　76 － 78 ページ。

(93)　H. イムラー（1985）177 － 178 ページ。

(94)　『日本会社史総覧』東洋経済新報社　1995 年　上巻　752 ページ。

(95)　渡辺治（1992）1992 年　44 － 45 ページ。

(96) 小野満（2002）　重層消費社会と中小企業－繊維産業を中心に－」。

(97) 小沢雅子（1989）　4―5 ページ。

(98) 小沢雅子（1985）　208 ページ。

(99) 同上書　245 ページ。

(100) 井原哲夫（1998）「消費構造の変化」『日本経済新聞』1998 年 4 月 27 日。

(101) 井原哲夫（1990）8 ページ。

(102) 同上書　20 － 21 ページ。

(103) 十名直喜（1999）114 ページ。

(104) テレビ大阪「モーニングサテライト」2022 年 3 月 8 日。

(105) 『朝日新聞』1971 年 8 月 16 日夕刊。

(106) 『経済科学通信』基礎経済科学研究所 25 周年記念号、1993 年 6 月、14 ページ。

(107) 重森暁（1982）23 ページ。

(108) 不破哲三（1982）『資本論』と今日の時代」135、160 ページ。

(109) 羽場久美子（2022）。

(110) 柴宜弘（2021）　ユーゴスラヴィア現代史新版』。

(111) 加藤俊作（2000）20―21、40―41 ページ。

(112) ウィキペディア　2022 年 2 月 18 日。

(113) ウィキベディア　2022 年 2 月 18 日。

# 索引

### あ

ICT　24, 25,　32, 35, 38-39, 54,
　　56, 60-66, 68, 81-84, 90-92,
　　94-96, 133, 150, 152, 173, 187
ウクライナ戦争　　170, 173-177,
　　179-180
オイルショック　　87, 155-158,
　　163-164, 187

### か

学習　26, 158-162, 166, 169
感性価値　95-96,103, 107-112
管理体制　25, 41, 54, 121,124
企業　64, 66-68, 77-78, 88-91,
　　126, 129-132, 134, 151
技術　24-25, 32, 34-35, 38-39, 42,
　　50-53, 56, 62, 66, 89, 108-109,
　　133, 151-152
競い合い　26, 79-80, 94
基礎経済科学研究所　159-165,
　　168-171, 190
機能価値　95, 103, 110-112
享受（消費）能力　　68-69,104-
　　105, 133

### 競争

競　争　　23-24, 57, 64, 72-82, 88-
　　91, 93-95,110-111,124,141-
　　143,164-166
巨大化・集中化　61, 75-76,
研究　26, 66,160-169, 189-190
原子力発電　15
公害問題　31, 137
工業団地　137,138
高度成長　56-58, 87, 91, 140, 143,
　　145-149, 158,187
国家　　84, 115-116, 118-121,124-
　　126
国際連合　178-185
言葉　35-36, 48, 52, 68, 123
個別的集団自衛権　182-185

### さ

採集狩猟社会　36, 41, 48-49, 117,
　　120,122
三方よし　3,15,25, 26
市場　24-25, 35, 39, 59, 64, 65,
　　68, 74, 76-78, 82, 88-90, 99,
　　101, 106, 111, 123-124, 130-
　　131, 137, 146, 150-152, 164
自然　33,135

資本論講義　　158-161

社会的進化　　42, 44-45

需要　　　38, 55, 59, 65, 73, 75-77,
90-92, 94, 99, 110-112, 134,
137, 150, 158

消費　　　14, 30-31, 38, 40, 53, 55,
62, 67, 73-74, 76, 84, 91, 97,
103, 106, 121, 131-132, 135-
137, 143, 145-150, 152

消費者の欲求　　33, 57, 64-66, 92-
94, 107, 112, 145

消費主義社会　　58-60, 85-90, 98-
99, 100, 102

情報　　24-25, 35-38, 41-43, 45, 52,
66-68, 82-85, 88-89, 114

情報化社会　　56, 60-61, 81, 83-84

情報資本　　24, 81,84,114

所　有　　65, 116-117, 119-120, 160-
161

小ロット・多品種生産　　　61-62,
76-79, 86-87, 90-92

重層消費社会　　144-152, 166

生産手段　　　15, 30, 53, 117, 119,
122, 129, 161

生産物　　25, 30, 35, 49, 52-53, 61,
82, 120-124

生産力　　14-15, 24-25, 28-31, 38-
39, 41, 49, 52-57, 88, 95, 112,
114, 122

生産力の暴走と制御　　31-35, 37-39

生物的進化　　42-45

生命の維持活動　　40, 121

戦争　　15, 23, 34, 58-59, 99, 135,
170-173, 186

疎外　　　105-107


た

多様化・分散化　　61, 75, 86-87

地域　　24, 41, 49-50, 55, 114-116,
122-123, 125-131, 134-138, 140,
167-169

中小企業　　56, 66, 78-79, 87-92,
94, 130, 133, 138, 142, 150,
152, 156-157, 161, 163-167

中小企業研究　　153, 160-162, 166,
168

デザイン　　76, 87, 93, 103, 106,
147, 151

定住生活　　25, 41, 49-51, 82, 114,
117, 119, 121-123

働学研（博論・本つくり）研究会
3-4, 22, 169, 171, 173, 190


な

ニクソンショック　　153-156, 187

日本型企業社会　　139-143

認知力　　36, 45-47, 51, 54, 187

人間発達の経済学　　106, 165-166

農耕牧畜社会　　36, 47, 49-52, 119-
　　120, 122

### は

バブル崩壊　　87, 153, 167
ブランド　　80, 87, 107-110, 132-
　　133
平和共存　　172-173, 176, 184-185

### ま

文字　　25, 36, 41, 52, 54, 116, 120

### や

ユーゴスラヴィア内戦　　177-180

### ら

労働　　33, 35, 37, 56, 62-63, 66-
　　69, 82, 88-91, 94-95, 101, 104-
　　106,117, 121-122, 124, 131,
　　140-142, 156-157, 160, 165-
　　166
労働力　　24, 31, 39, 53, 129, 133

## 働学研双書のご案内

「働きつつ学び研究する」（生き方）の略語が、「働学研」である。社会人の学び・研究を支援する「働学研（博論・本つくり）研究会」は、2019年7月に発足した。月例会は60数回を数える。そこで発表・議論し、磨かれた論文などを基に社会評論社から出版されたのが、下記の7冊である。いずれも70歳代以降に仕上げられたライフワーク出版である。90歳代の初出版も含まれる。仕事と研究に裏打ちされた珠玉の知恵が脈打つ。これらを、「働学研双書」として紹介したい。青壮年社会人の出版も、これからの楽しみである。


十名直喜 [2020]『人生のロマンと挑戦　―「働・学・研」協同の理念と生き方』

十名直喜 [2022]『サステナビリティの経営哲学　―渋沢栄一に学ぶ』

横田幸子 [2022]『人類進化の傷跡とジェンダーバイアス　―家族の歴史的
　　　　　　変容と未来への視座』

濱　真理 [2022]『市民と行政の協働　―ごみ紛争から考える地域創造への
　　　　　　視座』

熊坂敏彦 [2022]『循環型地場産業の創造　―持続可能な地域・産業づくり
　　　　　　に向けて』

十名直喜 [2024]『学びと生き方のリフォーム　―AI時代の人間・労働・経営』

小野　満 [2024]『生産力、情報と地域、学びのダイナミズム　―中小企業
　　　　　　と市場からの視座』

# 生産力、情報と地域、学びのダイナミズム

中小企業と市場からの視座

2024 年 12 月 10 日初版第 1 刷発行

著　者／小野満

発行者／松田健二

発行所／株式会社 社会評論社

〒 113-0033　東京都文京区本郷 2-3-10　お茶の水ビル

電話　03（3814）3861　FAX　03（3818）2808

印刷製本／倉敷印刷株式会社

感想・ご意見お寄せ下さい　book@shahyo.com

**JPCA**　本書は日本出版著作権協会（JPCA）が委託管理する著作物です。
日本出版著作権協会　複写（コピー）・複製、その他著作物の利用については、事前に
http://www.jpca.jp.net/　日本出版著作権協会（電話03-3812-9424，info@jpca.jp.net ）
の許諾を得てください。

## 働学研双書

### 人生のロマンと挑戦
「働・学・研」協同の理念と生き方
十名直喜 著

著者は鉄鋼マンとして製鉄所 21 年、大学教員として大学 28 年にわたり、「働きつつ学び研究する」という「働・学・研」協同の生き方を貫いてきた。その歩みと理論・思想・ノウハウが示されている。

2300 円＋税

### サステナビリティの経営哲学
渋沢栄一に学ぶ
十名直喜 著

サステナビリティと経営哲学を問い直し、体現者としての渋沢栄一に光をあてる。彼が創造した日本資本主義のシステム、その理念と原点に立ち返り、日本社会を立て直す智慧と処方箋を汲み出す。

2500 円＋税

## 働学研双書

### 人類進化の傷跡とジェンダーバイアス
#### 家族の歴史的変容と未来への視座
横田幸子 著

700万年にわたる人類進化史の上に立って、現在進行中のジェンダー諸問題に迫る。人類進化の視点、さらに女性の目線から、体系的かつダイナミックに切り込み、独自な処方箋まで提示する。
2500円＋税

### 市民と行政の協働
#### ごみ紛争から考える地域創造への視座
濱 真理 著

ごみ処理施設の建設は、必要と知りながらも敬遠しがちな懸案課題。それに正面から向き合い、種々の紛争事例をふまえ、市民と行政が対立から協働へと向かう道筋を提示する。2500円＋税

## 働学研双書

### 循環型地場産業の創造
#### 持続可能な地域・産業づくりに向けて
熊坂敏彦 著

企業経営における伝統と革新の相剋、ものづくり・まちづくり・ひとづくりの循環・融合。そこから紡ぎ出される、地域を主体にした壮大な循環型地場産業、統合型地域産業政策構想。　2000円＋税

### 学びと生き方のリフォーム
#### AI時代の人間・労働・経営
十名直喜 著

人間とは何か。学びのあり方、人間的な生き方とは何か。AIの進化は、私たちに鋭く深く問いかける。俯瞰的、等身大の両視点からアプローチし本質と課題を明らかにする。　2400円＋税